오디세이

The Odyssey

호머

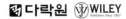

다락원 WILEY
Publishers Since 1807

세계의 교양을 읽는다

고전을 왜 읽는가?

인간의 삶과 세상에 대한 영원한 물음이 있기 때문이다. 시대와 사상을 뛰어넘어 지금 여기 우리에게 필요한 물음이 없는 고전은 더이상 고전이 아니다. 인간과 삶에 대한 근원적인 물음 없이 고전을 읽는다면 자신과 인간에 대한 성찰과 지혜로 이어지지 않는다. 논술 시험 때문에, 과제물 때문에, 아니면 남들이 읽으니까, 나도 읽는다는 식이라면 그 책은 죽은 책일 수밖에 없다.

고전을 살아 있는 책으로 만드는 이 '물음!'에 답하기 위해서는 좋은 길잡이가 필요하다. 40년 이상 미국의 고교생과 대학 주니어들이 시험, 에세이 작성, 심층토론 준비를 위해 바이블처럼 애용해온 'CliffsNotes'와 'SPARKNOTES'는 바로 그런 좋은 길잡이의 표본이다. 이 두 시리즈가 원조 논술연구모임인 '일이관지(一以貫之)' 팀의 촌철살인적 해설을 곁들여 〈다락원 명작노트〉로 재탄생해 논술로 고민중인 대한민국 학생 여러분을 찾아간다.

CliffsNotes와 SPARKNOTES의 가장 큰 장점은 방대하고 난해한 고전을 Chapter별로 요약하고 분석해서 원전의 내용에 보다 쉽고 체계적으로 접근하는 신속·간편성이라고 할 수 있다. 여기에 '一以貫之'팀이 원전의 중요한 문제의식, 즉 근원적 '물음'은 무엇이며, 그 '물음'은 오늘날에도 여전히 유효한가, 라는 질문을 다시 던진다.

대입논술로 고민하고, 자칭 타칭의 고전이 넘쳐나는 오늘의 독서풍토에서 지적 정복이 긴박한 대한민국 학생들에게 감히 이 시리즈를 자신 있게 권한다.

一以貫之 논술연구모임 연구실장 이호곤

CliffsNotes와 SPARKNOTES는 방대한 원작을 보다 쉽게 이해할 수 있도록 돕는 안내서입니다. 원작 이해를 돕기 위해 작가와 작품에 대한 배경지식, 그리고 매 장마다 간단한 '줄거리'와 '풀어보기'가 실려 있습니다. '줄거리'를 통해서는 원작의 내용을 명쾌하게 파악함으로써 독서의 즐거움을 느낄 수 있을 것입니다. '풀어보기'에는 원작에 담긴 문학적 경향, 등장인물의 심리상태, 시대상, 주제 등을 설명해 놓았습니다. 비판적 글읽기의 바탕이 되는 요소들이죠. 비판적 글읽기는 소설과 비소설 작품을 막론하고 책을 읽을 때 꼭 필요한 자질입니다.

그 밖에도 작품을 좀더 심오하게 분석할 수 있도록 '마무리 노트', 'Review' 등을 마련해 놓아 독자 여러분의 글읽기를 돕고 있습니다.

CliffsNotes에는 특히 관심을 갖고 읽어야 할 필수요소를 강조하기 위해 다음 네 가지 아이콘을 사용하고 있습니다.

 작품 속에 내재된 주제를 드러내줍니다.

 등장인물의 속내를 알 수 있도록 도와줍니다.

 배경, 분위기, 열정, 폭력, 풍자, 상징, 비극, 암시, 불가사의 등의 요소를 밝혀줍니다.

 단어와 문구의 미묘한 느낌을 감상할 수 있도록 해줍니다.

* 〈　〉는 장편소설, 중편소설, 논픽션, 시집. "　"는 수필집, 단편소설

● 일이관지(一以貫之) 논술 노트
권말에는 一以貫之 논술팀에서 작성한 논술 노트가 실려 있습니다. 원작을 우리의 삶과 연계시켜 비판적 사고와 논리적 글쓰기의 방향을 제시합니다.

● 실전 연습문제
실전 연습문제를 통해서는 원작을 바탕으로 출제 가능성이 높은 논점을 함께 숙고해 봅니다.

작가 노트

● 저자에 대해

서사시 〈오디세이 Odyssey〉는 창작된 지 2,500년이 훨씬 넘었지만 아직도 저자가 누구인지, 어떻게 지어졌는지, 정확히 언제 쓰였는지 확실치가 않고, 이 서사시 안에도 저자에 관한 자전적인 정보가 거의 없다. 그러나 뛰어난 학자들의 연구 성과를 근거로 몇 가지 추측은 가능하다.

고대 그리스인(아케이아인)들은, 옛날에 호머라는 인물이 있었으며 그가 〈일리아드 Iliad〉와 〈오디세이〉, 그리고 고대 그리스 신들을 찬양하는 "호머 송가 Homeric Hymns"를 지은 사람이라고 믿어 의심치 않았다. 약 7개 도시국가들이 저마다 호머의 출생지라고 주장했지만 다수설에 의하면 소아시아(지금의 터키)의 서해안에 있는 키오스 섬[*] 출신인 것으로 여겨진다. 옛날에 호머라는 가문이 그 섬에 살았고, 당시 사람들은 그 가문을 호머의 후손으로 생각했다.

그런데다가 호머가 작품을 쓸 때 이오니아^{**}와 아에올리스^{***} 방언이 혼합된 그리스어를 사용한 것으로 보아 소아시아 서부 지역 어느 곳의 토착민이거나 거주자이고, 음유시인이나

---

* **키오스 섬**(Chios): 터키의 가장 서쪽 돌출부 끝에 있는 섬. 그리스 영토임.
** **이오니아**(Ionia): 지금의 터키 중서부 해안 일대.
***아에올리스**(Aeolis): 현 터키의 에게 해에 면한 서북부 해안 일대.

랍소드*였을 것으로 추측된다. 그가 장님이었다는 전설은 "호머 송가"에 나오는 파에아키아인 장님 음유시인 데모도쿠스에 관한 인물묘사에 근거를 둔 가설이며, 당시의 음유시인 중에는 장님이 많았다는 약간 낭만적인 막연한 생각(부분적으로는 사실)에서 기인한다.

● 호머 부인론(否認論)

  기원전 2세기에 이르러 서사시 편집자들이 오늘날 호머 부인론이라고 하는 의문을 제기했다. 이들은 이 서사시의 저자, 기원, 저작기법 등을 문제 삼았다. 아닌 게 아니라 〈일리아드〉와 〈오디세이〉는 문체와 언어에 차이가 있다. 실제로 이미 오래 전부터 단일 작가가 썼다고 보기에는 소재나 주제가 너무나 다양하다는 이의가 제기되었던 터다. 일부 비평가들은 다수의 작가가 지은 작품들이란 주장을 펴기도 한다. 이런 식으로, 저자에 관한 논쟁은 오늘날까지 계속되고 있다.

  그럼에도 불구하고, 20세기의 학계에서는 단일 작가설 쪽이 우세한 편이다. 윌리엄 셰익스피어의 〈리어 왕 King Lear〉과 〈템페스트 The Tempest〉에서 보듯이, 두 작품 모두 사라지는 왕을 다루었지만 상반되는 접근법을 구사한 예를 들면서 단일 작가설을 옹호하는 평론가들이 있다. 그런가 하면

---

* **랍소드**(rhapsode): 서사시 낭송전문 음유시인.

일부에서는 〈일리아드〉가 먼저 작품으로서 젊은 작가의 솜씨인 반면, 〈오디세이〉에서는 성숙한 작품성이 나타나므로 나이든 작가의 글로 보인다고 지적한다. 그리고 두 작품 간의 문체가 상충하는 이유는 민속적 영향과 주제와 소재의 다양성에 기인하는 것이지 작가가 별개 인물이기 때문이 아니라는 주장도 있다.

1920년대 말에서 1930년대 초반 사이, 미국 학자 밀맨 패리가 고전 연구에 혁명을 불러왔다. 그는 〈일리아드〉와 〈오디세이〉 두 작품 모두 전통에 따라 랍소드들이 외우기 쉽고 공연 때 구송하기 쉽도록 고안된 정형화된 구송용 문체로 지어진 서사시임을 입증했다. 〈오디세이〉뿐만 아니라 당시의 시들은 청중 앞에서 낭송, 아니 노래로 불리워졌다. 이때 공연자는 리라를 퉁기며 장단을 맞추었을 것이다. 운율을 맞추기 위해 삽입된 무의미한 문구들은 기억을 돕는 장치로도 쓰였을 것이며, 일상 언어가 이런 시에 맞추기 위한 시어로 변형되었을 것으로 여겨진다. 오랫동안 이들 작품의 속성으로 여겨져 온 '고양된 문체(elevated style)'는 이래서 생겨났을 것이다.

패리의 발견으로 이 서사시의 저자를 보는 관점이 확실하게 바뀌었다. 해롤드 블룸 같은 학자들은, 호머가 실재인물이라면, 그는 저자가 아니라 아마도 수 세대에 걸쳐 남들이 지은 시들을 모으고 정리한 편집자일 뿐이라고 생각한다. 그리고 세스 L. 샤인 같은 이들은 비록 구비전승(口碑傳承)을 문서

화한 것이지만 그 정리자가 상당한 창의력을 가진 시인이라고 칭송하고 있다.(〈오디세이 강독 *Reading the Odyssey*〉(1996)) 그는 그리스인들이 기원전 8세기 후반에 페니키아 문자를 접했음이 분명하며, 구비전승에 숙달된 한 시인이 오늘날 형태의 〈오디세이〉 전문을 기록했거나 받아적어 놓았을 것이라고 지적하면서, 민속이나 구비전승 이외에 기록문학도 이 서사시의 창작 자료로 이용되었을 것으로 보고 있다.

● **저작 연대**

　　몇몇 학자들은 이 서사시가 오늘날의 모습으로 쓰인 것은 기원전 6세기 아테네에서였다는 견해를 가지고 있지만, 그보다 이르다는 증거가 아주 많다. 연구 결과의 무게는 기원전 700년경에 지어졌거나 기록되었을 것이란 쪽으로 기울고 있으며, 〈일리아드〉가 먼저 쓰였을 것이라는 의견이 압도적 다수설이다. 한 시인이 두 서사시를 오늘날의 형태로 만들었으리란 견해는, 두 작품이 문학적 기법 면에서 유사할 뿐만 아니라 보기 드문 천재성을 지녔다는 견해와 결과적으로 일치한다. 어쨌든 두 작품을 한 시인이 지었다고 하더라도, 다른 음유시인들로부터 운율 맞추기 문구나 이야기 소재들을 빌려다 썼을 것이고, 그것들은 따지고 보면, 당시 랍소드들이 구비전승으로 사용했던 수단들로 어느 개인의 것이 아니라 모두의 공유물이었다. 우리가 현재 접하는 〈오디세이〉는 민속과 구비문학이라는 공유물에 많이 의존하고 있지만, 전체적으로 어느 한 시인의 영향을 아주 강하게 받았으며, 랍소드인 듯한 그 시인이 필경사에게 구술했던가 기억을 더듬어 직접 기록한 것으로 보인다.

우리는 그 시인을 호머라고 부르자.

작품 노트

작품의 개요

서사시는 영웅의 시련과 성취를 고양된 문체로 길게 설명하는 시로, 국가적·군사적·종교적·정치적·역사적으로 의미가 있는 덕목들을 찬양한다. 영어 epic은 그리스어 epos에서 왔는데, 원래는 '단어'라는 뜻이었지만 '연설' 또는 '노래'라는 의미로 변했다. 서사시도 다른 예술과 마찬가지로 제한적인 맥락에서 생겨나고 성장했으나 보편성을 가진 위대한 장르로 발전했다. 서사시는 전형적으로 영웅의 행위나 위대한 정신이 그의 인간적 약점이나 유한성과 벌이는 내면적 싸움에 초점을 맞춰 그려내는 문학이다.

서사시는 발전을 계속하면서 두 가지 형태로 구별되었다. 하나는 원시적 서사시다. 이것은 민족의 풍속이나 전설, 민담 따위에서 유래하여 구비전승을 거치면서 변화·발전한다. 이에 비해 문학적 서사시는 애초부터 문자로 기록되어 있고, 하나의 전체적인 이야기로 완성되어 있다.

서사시로서의 〈오디세이〉

기원전 700년경에 지어진 〈오디세이〉는 현존하는 서사시 가운데 가장 오래된 것 중 하나로서, 원시적 서사시 장르에

속하는 전형적인 작품이다. 주인공은 이타카 섬*과 그 주변 섬들의 왕이자 트로이 전쟁의 영웅인 오디세우스이다. 그는 20년 동안이나 고국과 아내 페넬로페와 아들 텔레마코스 곁을 떠나 세상을 떠돈다. 오디세우스는 고대 그리스 문명의 여러 가지 덕목을 갖춘 인물이다. 그렇지만 그는 덕만 지닌 것이 아니라 결함도 적지 않기 때문에 고생을 자초하는 경우도 많다.

서사시는 통상적으로 주제를 서술하고 뮤즈(들) ─ 그리스 신화에 나오는 아홉 자매 여신으로, 신들의 왕인 제우스와 므네모시네(기억) 여신 사이에서 태어난 딸들 ─ 에게 영감을 달라고 기원하는 것으로 시작된다. 뮤즈 중 몇몇이 서사시를 포함한 시와 노래를 관장하지만 경우에 따라서는 인문과학과 예술 전반을 총괄하기도 한다. 이를테면, 클리오는 역사를, 에라토는 서정연애시를, 칼리오페는 서사시를 주관하는 뮤즈이다.

일단 뮤즈에게 발원(發願)을 끝내고 나면, 시인은 이야기의 한복판에서 시를 시작한다. 이런 수법을 가리켜 'in medias res(사건의 한가운데서)'라고 한다. 이렇게 시작한 시인은 회상이나 해설을 통해 사건의 자초지종을 풀어간다.

〈오디세이〉는 그 밖에도 서사시에 관한 문학적·시적 장치들을 모두 동원하고 있다. 목록, 여담, 장광설, 여행, 탐구,

---

* **이타카 섬**(Ithaca): 그리스 중서부 해안에 있는 섬.

영웅이 겪는 여러 가지 시련이나 시험, 직유, 은유, 신의 개입
등등.

오늘날에는 서사시를 쓰는 작가가 거의 없지만, 서사
시라는 장르나 〈오디세이〉라는 특정 작품이 문학에 미친 영
향은 매우 광범위하다. 많은 비평가들이 20세기의 가장 중요
한 소설로 손꼽는 제임스 조이스의 〈율리시스 Ulysses〉(1922)
는 제목 자체가 오디세우스의 라틴어 식 이름으로서, 더블린
의 평범한 비영웅들이 주인공이다. 〈오디세이〉와 비교해 읽을
만한 작품들이라면 마크 트웨인의 〈허클베리 핀의 모험 The
Adventures of Huckleberry Finn〉(1884), J. D. 샐린저의 〈호밀
밭의 파수꾼 The Catcher in the Rye〉(1951), 존 치버의 단편
"수영하는 사람 The Swimmer"(단편집 〈육군 준장과 골프 과
부 The Brigadier and the Golf Widow〉(1964) 중), 도널드 바셀
미의 〈돌아가신 아버지 The Dead Father〉(1975)를 들 수 있다.

무대 이타카

회고담이 포함되어 있긴 하지만, 〈오디세이〉의 사건들
은 트로이 전쟁이 끝난 직후부터 10년 동안에 일어난다. 역사
적으로 그런 전쟁은 정말 일어났었는가? W. A. 캠프스는 〈호
머 소개 An Introduction to Homer〉(1980)의 서문에서 트로이
전쟁은 있었을 가능성이 높지만 호머가 〈일리아드〉에서 묘사
하거나 〈오디세이〉의 등장인물들이 회고하는 내용과는 아주

달랐을 것이라고 한다. 고고학적 증거에 의하면 이 전쟁은 기원전 1220년경에 일어났고, 호머가 트로이라고 부른 도시는 화재로 파괴되었던 것으로 보인다. 〈오디세이〉는 이 사건들이 일어난 지 500년쯤 지나서 창작되었다.

그 기간에 무수히 많은 음유시인들이 이 전쟁 이야기에 윤색을 가했다. 우리가 호머에게서 듣는 이야기는 역사 강의가 아니라 역사가 아주 조금 가미된 전설, 민담, 시인이 만들어낸 상상의 세계다. 종종 '오디세우스의 방랑'이라고 불리는 그의 모험 여행은 대체로 현실성이 없고, 방랑의 무대가 여기저기 광범위하게 바뀌지만 이타카는 오디세우스에게나 호머의 청중에게나 불변의 목적지다.

정치적으로 이타카는 일반 도시국가에 비해 체제가 덜 잡혀 있지만 물리적 힘에 기반을 둔 구조를 갖추고 있다. 오디세우스는 위대한 전사나 뛰어난 뱃사람에 그치지 않는다. 물론 이것은 아주 중요한 재능이지만 거기서 더 나아가 이타카 최고의 목수이고, 야생 멧돼지 사냥꾼이며, 최고의 궁수이자 동물 사육의 최고 달인이기도 하다. 그는 밭고랑을 일직선으로 갈 수 있으며, 아무리 넓은 초지도 하루에 벨 수 있다. 이처럼 탁월한 기술과 지능과 무용 덕분에 그렇게 오랫동안 떠나 있다가 돌아와서도 권력을 유지할 수 있었던 것이다. 따라서 그가 자제력을 잃지 않거나 그의 명성이 지속되는 한, 이타카와 그 주변 섬들의 왕위를 유지하는 데는 문제가 없다.

권력에는 부가 따르게 마련이다. 이타카에는 동전이 없었으므로, 가축, 가구, 하인, 노예, 보물 등으로 부를 계산한다. 호머 시대에는 노예제도가 용납된 것은 물론 장려되었다. 당시 노예는 부와 권력의 상징이었다. 해적질, 전쟁, 외국 원정 약탈 등은 부를 늘리는 공인된 수단이었다. 예를 들어, 트로이를 떠난 오디세우스는 맨 먼저 키코네스의 요새 이스마루스*를 약탈하고 여인들까지 납치했다.

이타카에서는 사회적 전통이 강한 힘을 발휘했다. 그런데 얄궂게도 손님을 환대하는 전통이 오히려 오디세우스의 아내 페넬로페와 아들 텔레마코스를 위험에 처하게 만든다.

이타카 사람들은 운명을 철저히 믿었고, 신은 아무 때고 인간의 삶을 바꿔놓을 권리가 있다고 생각했다. 그들 역시 덕을 쌓은 자에게 보상이 따르기를 바라면서도 운명의 변화무쌍함은 어쩔 수 없는 것으로 받아들였다. 이타카 사람은 정원을 걷다가 발이 돌에 채이면, '어떤 신이 내 갈 길을 바꾸려고 돌멩이를 보냈구나!'라고 생각할 수도 있다. 그런 의미에서 오디세우스는 하나의 살아 있는 증거인 셈이다. 신들이 마음 먹기만 하면, 왕에게조차도 무슨 일이건 일어날 수 있으니까.

---

* **이스마루스**(Ismarus): 트로이 서북쪽 다다넬스 해협 입구에 있던 도시로 추정된다. 역자 주.

이야기의 배경

이타카의 왕 오디세우스는 집을 떠난 지 20년이나 되었다. 그는 트로이 전쟁에서 영웅적으로 싸워 그리스 연합군의 승리를 이끄느라고 10년을 보냈으며, 전쟁이 끝난 후 고향으로 돌아오는 데 나머지 10년을 보내야 했다. 귀국에 그처럼 오랜 세월이 걸린 것은 아테나 여신이 폭풍을 일으켜 그리스 연합군의 귀환 항로를 엉망으로 만드는 저주를 내렸기 때문이다. 이 설명에 의하면, 한 그리스 전사가 트로이 왕의 딸 카산드라를 아테나 여신의 신성한 신전에서 겁탈하려는 신성모독을 저질렀고, 엎친 데 덮친 격으로 그리스군이 그자를 처벌하지 않아서 아테나 여신이 몹시 노했다고 한다. 이 서사시 전체를 통해 아테나 여신이 오디세우스를 위해 자주 개입하지만, 사실 오디세우스가 방랑을 하게 된 근본적인 이유는 그녀의 분노와 저주 때문이었던 것이다.

오디세우스 본인이 부재중이니, 그의 모든 것 — 왕권, 부, 가정, 아내와 아들 — 이 위험에 빠진다. 아내 페넬로페 주변에는 원치 않는 구혼자들이 들끓는다. 그녀와 결혼하면 오디세우스가 두고 간 왕위와 부를 차지할 수 있고, 당장은 아니더라도 장차 새 왕을 뽑는 경쟁에서 단연 유리할 것이기 때문이다. 페넬로페에게는 그녀의 집에 쳐들어와 결혼을 강요하는 구혼자들을 내보낼 힘이 없다. 아들 텔레마코스도 힘이 없기는 마찬가지다.

　　오디세우스가 오랜 기간 자리를 비웠으므로 사람들은 당연히 텔레마코스를 후계자로 지목한다. 그렇기 때문에 그는 위험하고, 어른이 되어 갈수록 장애물로 여겨질 것이므로 위험은 더 커진다. 텔레마코스는 아버지만큼 권위가 없다. 이타카 전 영토의 대의원 총회를 소집할 권한은 있지만, 손님은 환대해야 한다는 관습을 악용해 집안에 진치고 있는 원치 않는 구혼자들을 쫓아낼 수가 없다. 텔레마코스에게는 그들을 통제할 힘이 없을 뿐만 아니라 그를 지원하는 법이나 법정 같은 공식적인 제도적 장치도 없다. 텔레마코스가 스스로 인정하듯이, 그는 기껏해야 자기 집의 지배자에 불과하다.

　　만일 텔레마코스가 충분한 방어수단을 갖추지 못한 지금 같은 상태에서 왕위에 오른다면, 폐위, 아니 거의 틀림없이 살해당할 위험을 감수해야 한다. 페넬로페는 오래도록 구혼자들 가운데서 누군가를 선택하지 않는다면 이타카에 내란이 일어날지도 모른다. 그렇게 되면 모자(母子)는 첫 희생자가 될 것이다. 그렇다고 새 남편을 고른다고 해도, 아들은 왕위 계승권을 포기하지 않는 한 여전히 위험하다. 재혼은 아주 싫지만 이타카 왕국의 존속과 (또 어쩌면) 아들을 살리기 위한 불가피한 선택일지도 모른다.

줄거리

　　시의 여신 뮤즈에게 영감을 달라고 기원한 다음, 사건의 한복판에서 서사시가 시작된다. 오디세우스가 이타카를 떠난 후 20년이 흐른다. 전반 10년은 트로이 전쟁을 치르는 기간이고, 후반 10년은 집으로 돌아가는 데 걸리는 기간이다.

　　그 긴 세월 동안 오디세우스의 아내 페넬로페는 왕궁에 쳐들어와 재혼할 것을 요구하는 자들을 100명 이상이나 상대해야 했다. 왕비와의 결혼으로 이타카의 통치자가 될 기회를 잡으려는 그들은 궁전에 머물며 먹고 마신다. 오디세우스와 페넬로페 사이에서 태어난 아들 텔레마코스는 이제 겨우 성년(약 21세 정도)인지라, 이 원치 않는 구혼자들을 어떻게 처리해야 할지 속수무책이다. 모자는 지아비 오디세우스가 돌아오기만을 손꼽아 기다린다.

제1 – 4권

　　첫 4개 권은 텔레마코스의 투쟁을 다룬다. (오디세우스는 제5권에 가서야 등장한다.) 〈오디세이〉의 부차적 줄거리는 텔레마코스가 성년에 이르면서 벌이는 탐구다. 학자들은 이를 가리켜 '텔레마케이아'라고 부른다.

　　변장한 아테나 여신이 젊은 왕자에게 나타나 온 나라의 지도자들을 불러 모아놓고, 구혼자들의 침입에 항의하라고 충고한다. 그 다음에는 아버지의 옛 전우인 필로스의 네스토르 왕과 스파르타의 메넬라오스 왕을 찾아가 아버지 소식을 알아보라고 권한다.

총회에서 두 강력한 구혼자—공격적인 안티노우스와 입담이 좋은 에우리마쿠스—들이 왕자와 맞선다. 텔레마코스는 훌륭한 연설로 그들을 공격하지만 총회에서는 거의 성과를 거두지 못한다. 강력한 지방 토호들인 그들이 페넬로페가 새 남편을 고르는 데 너무 오래 시간을 끈다며 오히려 왕비와 왕자를 비난하고 나섰기 때문이다.

텔레마코스는 비밀리에 필로스와 스파르타 방문길에 오른다. 구혼자들은 그를 암살할 음모를 꾸민다. 텔레마코스는 필로스에서는 아버지 소식을 듣지 못하지만 스파르타의 메넬라오스 왕으로부터 오디세우스가 칼립소 요정에게 포로로 잡혀 있다는 소식을 듣는다.

제5 - 8권

호머는 구혼자들이 이타카로 돌아오는 텔레마코스의 배를 매복 공격하려 하는 즈음에서 이야기를 올림포스 산으로 돌린다. 아테나의 재촉을 받은 신들은 칼립소에게 명해 오디세우스를 풀어주기로 한다. 신들의 전령 헤르메스 신이 이 명령을 칼립소에게 전한다. 이 요정에게 잡혀 있는 오디세우스는 7년 동안이나 밤에는 그녀와 동침하고 낮에는 고국과 가족을 애타게 그리워하며 지내던 중이다. 아름답고 호색적인 칼립소 요정은 오디세우스와 결혼하고 영원한 삶을 약속하지만 오디세우스는 페넬로페와 이타카를 잊지 못하고 있다. 칼립소는 마지못해 오디세우스를 보내준다.

　　바다의 신 포세이돈이 이 나그네를 발견한다. 복수심에 찬 포세이돈은 아들 키클롭스의 눈을 멀게 한 그의 배를 난파시킨다. 배가 난파한 곳은 알키노우스 왕이 다스리는 파에아키아이다. 문명이 발달하고 친절한 파에아키아인들은 이 나그네를 환대하면서 모험담을 들려달라고 한다. 그 결과, 독자들은 오디세우스의 입을 통해 10년 전으로 거슬러 올라가 그의 파란만장한 경험담을 듣게 된다.

제9 - 12권

　　'오디세우스의 방랑'이라고 불리는 이 부분은 이 서사시에서 가장 유명하다. 트로이 전쟁이 끝난 후, 오디세우스와 부하들은 키코네스로 항해한다. 그곳을 약탈한 그리스인들은 재빨리 떠나지 않고 머뭇거리다가 키코네스 예비군에게 반격을 당한다. 황급히 바다로 퇴각한 소함대는 아테나 여신이 보낸 매서운 폭풍을 만나 항로를 완전히 벗어난다. 그들이 상륙한 곳은 로터스*를 먹고 사는 사람들의 땅이었다. 그곳 주민들은 적대적이진 않았지만 로터스를 먹는 탓에 기억이 없고 미

---

* **로터스**(lotus): 먹으면 모든 괴로움을 잊고 향락에 빠지게 된다는 그리스 신화에 나오는 식물.

래에 대한 희망이 없다. 오디세우스는 간신히 부하들을 빼내 다시 항해 길에 오른다.

소함대가 키클롭스의 땅에 이르자, 오디세우스는 호기심이 발동하여 그곳을 탐험한다. 알고 보니 그곳은 미개하고 식인 습관을 가진 외눈박이 거인들의 나라였다. 키클롭스 중 하나인 폴리페무스가 오디세우스의 척후대를 함정에 빠뜨려 잡는다. 오디세우스는 부하들을 구하기 위해 폴리페무스의 하나뿐인 눈을 멀게 만들고, 이로 인해 그 거인의 아버지 포세이돈의 분노를 사게 된다.

오디세우스의 다음 기착지는 바람의 신 아이올루스의 섬이다. 아이올루스는 원래 오디세우스 일행에게 우호적이었다. 그는 모든 역풍을 가죽 부대에 잡아넣어, 오디세우스가 이타카로 돌아가기 쉽도록 해준다. 그런데 불행하게도 오디세우스가 잠든 사이 부하 하나가 그 부대에 보물이 숨겨진 줄 알고 열어보자 이내 역풍이 몰아쳤고 일행은 순식간에 아이올루스의 섬으로 되돌아가고 말았다. 아이올루스는 신들의 저주를 받지 않았다면 이들이 어찌 되돌아왔겠는가, 하는 생각이 들자 더 이상 오디세우스 일행을 도우려 하지 않는다.

그 다음 오디세우스 일행은 식인귀 라이스트리고네스들의 공격을 받고, 오디세우스의 배를 제외한 모든 배가 침몰된다. 오디세우스는 생존자들을 수습해 아름답고 매혹적인 키르케가 사는 아이아이에[*]에 이른다. 그 여신은 오디세우스 일행 중 몇 명을 돼지로 만들어버린다. 헤르메스의 충고를 받은 오디세우스는 영리하게 키르케를 이겨내고 그녀의 연인이 된다. 키르케는 1년 후 마술을 풀어 오디세우스의 부하들을 다시 사람으로 만들고 떠나도록 도와주는데, 반드시 죽은 자의 나라를 다녀온 다음에 떠나야 한다고 가르쳐준다. 죽은 자의 나라, 즉 저승에 간 오디세우스는 여러 명의 그리스 영웅과 돌아가신 어머니까지 만난다. 그리고 예언자 티레시아스로부터 중요한 예언을 들은 후, 다시 여정에 오른다.

세이렌^{**}의 유혹과 머리가 여섯 달린 바다 괴물 스킬라의 공격을 겨우 벗어난 오디세우스 일행은 태양신 헬리오스의 섬에 다다른다. 오디세우스가 잠깐 자리를 비운 사이, 그의 준엄한 경고를 무시하고 부하들이 태양신의 소를 잡아먹는 사건이 일어난다. 화가 난 태양신은 제우스 신에게 벌을 내리라고 요구한다. 노한 제우스가 오디세우스의 소함대를 풍비박산 내고 부하들을 몰살시킨다. 혼자 살아남은 오디세우스는 칼립소의 섬으로 떠밀려와 겨우 목숨을 건지고 그곳에서 7년간 억류 생활을 하게 된다.

---

[*] **아이아이에**(Aeaea): 학자들은 로마 남쪽 120km쯤 지역의 이오니아 해에 돌출된 석회암 곶으로 추정한다. 역자 주.

^{**} **세이렌**(Siren, Seiren): 반은 여자 반은 새인 요정.

제13 - 24권

　　　모험담을 끝낸 오디세우스는 파에아키아인들로부터 존경과 선물을 받게 된다. 파에아키아인들은 전통에 따라 배편을 마련해서 그 나그네를 이타카로 돌아가게 해준다. 한편, 아테나는 텔레마코스를 도와 구혼자들의 매복 공격을 모면하게 한 다음, 궁전으로부터 멀지 않은 돼지농장에서 아버지와 상봉하게 한다.

　　　아테나 여신과 그의 충직스런 돼지치기 에우마이우스의 도움으로 아들을 만난 오디세우스는 거지로 변장하고 왕궁으로 돌아온다. 오디세우스는 당분간 그를 모욕하고 공격하는 구혼자들에게 반격하지 않는다. 페넬로페는 그가 진짜 남편인지 의심하지만, 어렸을 때 그를 돌보았던 충직한 유모 에우리클레이아는 그 거지를 목욕시키다가 다리에 난 흉터를 보고 오디세우스임을 알아차린다.

　　　활쏘기 대회를 개최한 페넬로페는 오디세우스가 쓰던 도끼 12개를 일렬로 세워놓고는 오디세우스의 활로 그 자루 구멍들을 단번에 꿰뚫는 사람과 결혼하겠다고 선언한다. 구혼자들은 모두 실패하고, 오디세우스만 성공한다. 용의주도한 계획과 아테나 여신의 도움으로, 오디세우스와 텔레마코스와 두 명의 동물사육자 충복들은 구혼자 무리를 몰살시킨다.

오디세우스와 페넬로페는 재결합하고, 늙은 아버지 라에르테스와도 상봉한다. 아테나는 복수심에 불타는 죽은 구혼자들의 친구와 친척들과 화해를 주선하고, 이타카는 내란을 모면한다. 오디세우스는 마침내 고향에 안주한다.

등장인물

인간과 충직스런 개 한 마리

오디세우스 *Odysseus* 이 서사시의 중심인물. 용기뿐 아니라 교활한 꾀까지 동원해서 애쓴 끝에 이타카로 돌아가 구혼자들을 물리치고 왕의 지위를 되찾는다.

페넬로페 *Penelope* 오디세우스의 아내이자 텔레마코스의 어머니. 지조가 있으며, 지혜롭게 구혼자 패거리를 막아낸다.

텔레마코스 *Telemachus* 오디세우스와 페넬로페 사이에서 태어난 아들. 왕궁에서 벌어지는 문제와 싸워가면서 성숙해진다.

라에르테스 *Laertes* 오디세우스의 아버지. 조그만 농장에 혼자 살면서 돌아오지 않는 아들 때문에 슬픔에 잠겨 있다. 후에 오디세우스가 돌아오자 위엄을 되찾는다.

안티클레이아 *Anticleia* 오디세우스의 어머니. 오랫동안 아들이 돌아오지 않자 슬픔에 겨워 죽었는데, 저승에서 상봉한다.

에우리클레이아 *Eurycleia* 오디세우스(그리고 텔레마코스)에게 충성을 바치는 유모. 다리에 난 흉터를 보고 주인을 알아본다.

에우마이우스와 필로이티우스 *Eumaeus and Philoetius* 오디세우스의 충성스런 돼지치기와 소치기. 오디세우스의 이타카 귀환을 돕고 오디세우스, 텔레마코스와 함께 구혼자들을 공격한다.

아르고스 *Argos* 20여 년 전 오디세우스가 키우던 개. 쫓겨나 거름더미에서 죽어가다가 지나가는 주인을 알아본다.

안티노우스와 에우리마쿠스 *Antinous and Eurymachus* 두 강력한 구혼자들. 안티노우스는 물리적 공격력이 있고, 에우리마쿠스는 언변이 좋다.

에우피테스 *Eupithes* 안티노우스의 아버지. 오디세우스가 구혼자들을 죽이자 친척들을 규합해 오디세우스에게 대항하려다가 라에르테스에게 죽는다.

멜란티우스와 멜란토 *Melanthius and Melantho* 오디세우스의 불충스런 염소사육사와 건방진 궁정 하녀. 주인을 엉터리로 섬기는 하인들의 전형으로, 무시무시한 죽음을 당한다.

아가멤논 *Agamemnon* 미케네의 왕이자 그리스의 트로이 원정군 총사령관. 귀국하자마자 아내와 정부에게 암살당한다. 호머는 페넬로페를 돋보이게 하려고 아가멤논의 아내 클리타임네스트라와 자주 비교한다. 오디세우스는 아가멤논을 저승에서 만난다.

티레시아스 *Tiresias* 테베의 맹인 예언자. 저승에서 오디세우스를 만나 닥쳐오는 위험을 알려주며 충고한다. 오디세우스에게 훗날의 모험과 장수(長壽)를 예언한다.

알키노우스 *Alcinous* 파에아키아의 왕. 오디세우스에게 모험담을 얘기하라고 권한다. 오디세우스를 이타카로 돌아가게 해준다.

나우시카 *Nausicaa* 알키노우스와 왕비 아레테 사이에 태어난 딸. 파에아키아 해변 강가에 빨래하러 나왔다가 오디세우스를 발견한다.

신, 괴물, 초자연적인 존재들

제우스 *Zeus* 신들의 왕. 약간 변덕스럽지만 환대와 우호가 필요한 유랑자나 탄원자들의 편이다. 딸 아테나의 편에 서서 오디세우스를 배려한다.

아테나 *Athena* 팔라스 아테나 또는 팔라스라고 불리기도 한다. 변장을 하거나 왕자의 스승인 멘토르의 모습을 하고 나타나 오디세우스나 텔레마코스를 돕는다. '팔라스(pallas)'는 '눈이 빛난다'는 뜻.

폴리페무스 *Polyphemus* 키클롭스라는 외눈박이 식인 괴물 중 하나인데, 그냥 키클롭스라고 부르기도 한다. 오디세우스 일행을 함정에 빠뜨려 잡아먹는다. 오디세우스는 탈출할 때 그를 장님으로 만든다.

포세이돈 *Poseidon* 바다의 신이자 폴리페무스의 아버지. 아들을 장님으로 만든 오디세우스에게 앙갚음한다.

칼립소 *Calypso* 여신-요정. 오디세우스를 7년간 잡아두면서 결혼하려 하지만 제우스의 명령에 어쩔 수 없이 풀어준다.

키르케 *Circe* 여신-마녀. 오디세우스의 부하들을 돼지로 만들었다가 다시 인간으로 돌려놓는다. 1년간 오디세우스의 연인으로 지내다가 그가 떠날 때 여러 가지 도움을 준다.

아이올루스 *Aeolus* 바람의 신. 오디세우스를 도와 이타카가 보이는 곳까지 이르게 해주지만 나중에는 오디세우스 같이 불운한 자는 저주를 받은 자라고 생각하고 전혀 도와주지 않는다.

등장인물 관계도

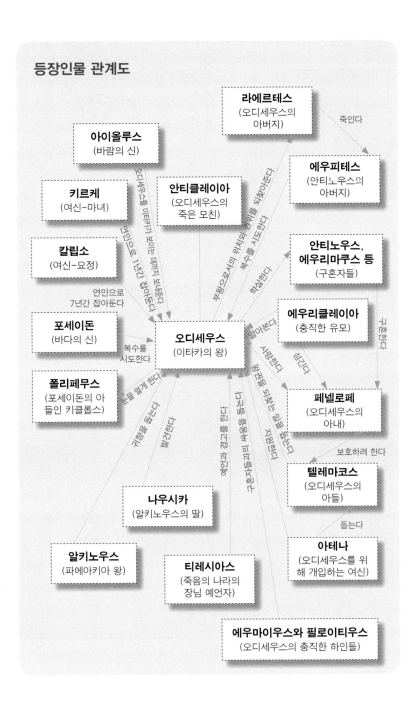

라에르테스
(오디세우스의 아버지)

아이올루스
(바람의 신)

에우피테스
(안티노우스의 아버지)

죽인다

키르케
(여신-마녀)

안티클레이아
(오디세우스의 죽은 모친)

오디세우스를 이타카 쪽으로 보낸다

복수를 시도한다

부왕으로서의 위치와 권위를 되찾아준다

함실한다

칼립소
(여신-요정)

안티노우스, 에우리마쿠스 등
(구혼자들)

연인으로 7년간 잡아둔다

연인으로 1년간 잡아둔다

포세이돈
(바다의 신)

복수를 시도한다

오디세우스
(이타카의 왕)

에우리클레이아
(충직한 유모)

알아본다

구혼한다

폴리페무스
(포세이돈의 아들인 키클롭스)

눈을 멀게 한다

사랑한다

섬긴다

페넬로페
(오디세우스의 아내)

귀향을 돕는다

발견한다

구혼자들의 위협으로부터 보호한다

구혼자들과 대결한다

순결을 되찾은 줄 알게 된다

지원한다

보호하려 한다

텔레마코스
(오디세우스의 아들)

나우시카
(알키노우스의 딸)

돕는다

알키노우스
(파에아키아 왕)

티레시아스
(죽음의 나라의 장님 예언자)

아테나
(오디세우스를 위해 개입하는 여신)

에우마이우스와 필로이티우스
(오디세우스의 충직한 하인들)

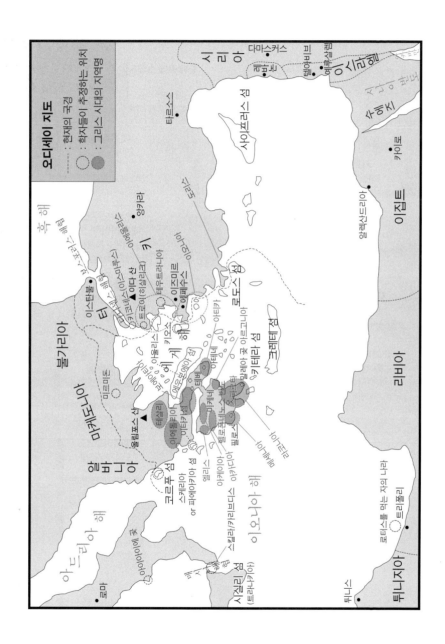

Book별
정리
노트

제1권

왕자에게 조언하는 아테나

·줄거리

호머는 서사시를 관장하는 여신 뮤즈에게 지금부터 파란만장한 운명의 주인공이며 온갖 고난을 겪은 사나이 이야기를 할 터인데, 이야기를 잘 풀어나가도록 영감을 달라고 기원한다. 이어서 독자들은 그 사나이가 오디세우스이고, 트로이 전쟁의 그리스인 생존자 가운데 아직도 고국에 돌아가지 못하고 있는 유일한 인물이란 이야기를 듣는다. 오디세우스는 지금 그를 남편으로 삼고 싶어하는 요정 칼립소에 의해 오기기아 섬에 억류되어 있다. 그가 바다의 신 포세이돈의 아들 폴리페무스 키클롭스를 장님으로 만들어 포세이돈의 분노를 샀기 때문이다. 한편, 고향 이타카에서는 오디세우스의 아내 페넬로페가 구혼자들에게 둘러싸여 곤욕을 치르고 있다.

올림포스 산에서 열린 신들의 회의에서 아테나는 오디세우스에게 동정을 베풀어 그를 고국에 돌아가게 해달라고 아버지인 제우스에게 간청한다. 그녀는 제우스더러 헤르메스를 보내 오디세우스를 칼립소로부터 풀려나도록 조치하라고 제안한 다음, 오디세우스의 아들 텔레마코스에게 충고를 해주기 위해 이타카를 방문한다.

오디세우스의 옛 친구 멘테스로 가장한 아테나는 텔레마코스의 상담역 노릇을 한다. 그녀는 텔레마코스에게 아버지가 곧 돌아올 것이라고 예언한 후, 왕자로서 구혼자들을 막아내는 한편 아버지 소식을 자세히 알아

보라고 권유한다.

　　호머는 서사시의 맨 앞부분에서 작품의 줄거리, 주제, 등장인물 등을 소개하고, 곧이어 하나로 합쳐질 두 개의 줄거리를 기술한다. 하나는 오기기아 섬에 억류된 오디세우스 이야기고, 다른 하나는 이타카로 무대를 옮겨 수많은 구혼자들을 물리치느라 분투하면서 남편 소식을 애타게 기다리는 오디세우스의 아내 페넬로페 이야기다.

그 다음, 호머는 이 서사시에서 반복 등장하는 몇 가지 주제들을 소개한다. 환대(歡待), 명성, 복수, 권력이 그 것이다. 그리고 인간은 자신의 선택에 책임을 져야 하지만, 항상 신의 개입을 각오하고 살아야 하는 약한 존재임을 강조한다.

오디세우스의 세계에서 인간에게 가장 가치 있는 재산은 훌륭한 명성이다. 명성이란, 당시 통용되던 기준이나 관습에 의거해 그의 성격, 가치관, 행동을 남들이 평가한 것이다. 즉, 명성은 남들이 그를 어떻게 보느냐에 의해 결정된다. 제우스는 오디세우스를 긍정적으로 평가한다. 복수심에 찬 포세이돈 외에는 모든 신이 그를 높이 평가한다. 애당초 오디세우스의 긴 방랑은 아테나의 저주가 원인이지만, 지금 그녀는 오디세우스를 용서하고 집으로 돌려보내려고 애쓴다. 변장하고 이타카를 방문한 아테나는 텔레마코스로부터 극진한 환대를 받고 난 다음, 서사시에 등장하는 나그네라면 어김없이 받게 되는 질문 공세를 받는다. 이 질문 공세는 질문자가 그 나그네의 명성이 어느 정도인지에 관한 암시를 이끌어내기 위한 절차이자 수단이다.

환대는 두 가지 주요 줄거리에서 핵심적인 사회적 개념이다. (사실, 이 개념은 〈일리아드〉에서 트로이 전쟁이 발발한 원인이기도 하다. 파리스는 메넬라오스 왕의 환대를 악용해 왕의 아내 헬렌과 함께 트로이로 달아난다.) 〈오디세이〉 첫 부분에서부터 독자들은 구혼자들이 페넬로페가 베푸는 환대를 악용하는 장면을 접하게 된다. 그자들은 오디세우스의 집을 파티장으로 만들어버리고는 집주인의 음식을 먹고 마시며 세월을 보낸다.

오디세우스의 집안 상황에는 복수의 주제가 잠복해 있다. 만일 오디세우스가 집에 있거나 귀환이 반드시 예상되는 상황이라면, 구혼자들은 감히 무례하게 행동하지 않았을 것이다. 그들은 오디세우스가 죽은 줄로 알고 있다. 겨우 몇 명(안티노우스와 에우리마쿠스 정도)만이 페넬로페의 결혼을 통해 새로운 왕의 지위를 노려볼 희망을 가져볼 수 있을까, 나머지는 그저 이런 상황에 편승하고 있을 뿐이다. 텔레마코스는 처음에는 공격적으로 나갈 엄두를 못 내지만 여신은 그렇지 않다. 여신은 젊은 왕자에게 행동에 나설 때라며, 이들 구혼자에게 피의 결혼식을 안겨주라고 부추긴다.

안티노우스는 텔레마코스가 왕위에 즉위할 그릇이 못 된다면서 시비를 건다. 그는 텔레마코스에게 왕위계승권이 있는 것은 사실이나, 제우스가 과연 이타카의 군주로 인정할지는 의문이라고 비꼰다. 페이글스와 녹스의 지적처럼, 텔레마코스는 어쩌면 왕위를 승계하지 못하고 자력으로 얻어야 하는 상황일 수도 있다. 조만간 대결이 벌어진다면, 그는 혼자 힘으로는 물론, 지지자들의 도움을 얻더라도 (워낙 소수이기 때문에) 안티노우스를 이길 가망이 거의 없다. 그는 즉위가 제우스의 뜻이라면 따를 테지만 그저 집안이나 다스릴 수 있기를 바란다고 겸손해 한다. 현 상황에서는 온당한 처신이다. 그러나 멘테스가 아테나임을 눈치 챈 텔레마코스는 그녀의 지지에 용기를 얻어 이튿날 아침 총회를 소집한다.

제 2 권

텔레마코스, 출항하다

: 줄거리

다음날 총회가 열리자 현명한 노인 아이기프토스가 나서서 오디세우스 왕이 떠난 지 20년이 지나서야 처음으로 총회가 열렸다며 말문을 연다. 그는 총회를 소집한 시민이 누구인지 용기 있는 사람이라고 칭찬한다. 그 말에 고무된 텔레마코스는 조리 있는 연설로 구혼자들을 질책하며 물러가라고 요구한다. 참석자 대부분이 왕자의 호소에 감동했는지 한동안 회의장 안에는 침묵이 흐른다.

구혼자들의 우두머리격인 안티노우스가 자기 책임을 부인하고 페넬로페에게 '교활한 왕비'라고 잘못을 뒤집어씌우며 건방을 떤다. 그는 페넬로페가 시아버지 라에르테스를 위해 짜고 있는 전설적인 수의(壽衣) 이야기를 꺼낸다. 부왕 라에르테스는 현재 어느 조그만 농장에 혼자 살면서 아들의 실종을 슬퍼하고 있다.

어머니가 공격을 받는데도 텔레마코스의 반응은 놀라울 정도로 조용하다. 그러나 제우스 신에게 앙갚음을 도와달라고 호소함으로써 앞으로 일어날 일들을 예고한다. 과연 갑자기 독수리 두 마리가 회의장 상공을 선회한다. 새점에 능한 할리테르세스가 이것을 오디세우스가 돌아올 징조라고 예언한다. 강력한 구혼자 가운데 또 한 사람인 에우리마쿠스가 불손하게 이 늙은 예언자를 제지하고 텔레마코스를 협박하자 멘토르가 나서서 텔레마코스를 옹호한다. 결국 총회는 뚜렷한 결론 없이 해산된다. 아테나는 멘토르로 가장하고 또 때로는 텔레마코스가 되어 그를 돕는다. 덕분에 비밀리에 준비를 끝낸 텔레마코스는 필로스로 출항한다.

: 풀어보기

문체탐색 호머는 총회에서의 발언 내용이나 연설 형태를 효과적으로 이용해 등장인물들의 유형이나 성격을 보여준다. 비록 아테나의 지원을 받기는 했지만, 텔레마코스는 웅변가로서의 자질과 구혼자들을 대적할 능력을 갖춘 어른으로 급속히 성장한 모습을 드러낸다. 그가 논지를 펼치자 장내가 숙연해진다. 그의 첫 연설은 소식을 알리는 동시에 감성적이었다. 서사시에서는 사람들이 감정이 복받쳐 눈물을 흘리는 때가 많다. 텔레마코스는 연설을 끝내자 격한 나머지 연설자의 홀장(笏杖)을 내던지며 흐느낀다.

그러자 놀랍게도 정치적인 이유로 왕비와 결혼을 바라고 있는 안티노우스가 나서서 왕비를 모욕한다. 그는 페넬로페가 거의 4년 동안이나 각자에게 암시와 약속을 남발하면서 아무도 선택하지 않고 구혼자들을 오도해 왔으니 텔레마코스가 어머니를 외할아버지에게 보내 그 노인이 새 신랑감을 결정하도록 하라고 요구한다.

인물탐색 베틀 이야기는 왕비의 영리함과 구혼자들의 우둔함을 상징한다. 만 3년 동안 페넬로페는 베틀에 앉아 시아버지의 장례에 쓸 수의를 짜면서, 이 일이 끝나면 무언가 결정을 내리겠다고 말했다. 페넬로페는 낮이면 왕궁 홀에 설치된 거대한 베틀에 앉아 직물을 짰고, 밤이 되면 몰래 짠 직물을 도로 풀어놓기를 거듭했다. 구혼자들이 여기에 속아넘어갔다니, 원래가 아둔한 자들이거나 그것을 눈치 챌 수 없을 만큼 만취 상태로 지냈던 모양이다. 페넬로페의 시녀 가운데 밀고자가 생겨 구혼자들에게 실상이 알려지기 전까지는 이 술책이 통했다.

이런 모욕에도 불구하고, 텔레마코스는 침착성을 잃지 않고 강력한 구혼자들을 논리적으로 반박한다. 그는, 만일 생모를 내쫓는다면 외할아버지나 백성들이 자기를 저주할 것이며, 신들도 가만히 있지 않을 것이라고 말한다. 뿐만 아니라 외할아버지 이카리우스는 너무 멀리 살고 있다. 이처럼 텔레마코스는 경험 많은 어른처럼 열변을 토하면서 다시한 번 구혼자들에게 물러갈 것을 요구하고, 오디세우스 궁정의 음식이 그렇게도 맛있다면 더 머물러도 어쩔 수 없지만 제우스 신의 복수를 자청하는 결과가 될 것이라고 비꼰다. 제우스는 때맞춰 독수리들을 보내 호응한다.

또 한 사람의 강력한 구혼자 에우리마쿠스는 이 말을 받아들이지 않는다. 후에 궁지에 몰리자 교활한 협잡꾼의 본색이 드러나기는 하지만 아직은 겁 없이 교만에 차서 제우스가 보낸 징조도, 오디세우스도, 텔레마코스도 모두 무시하고, 구혼자들은 하고 싶은 대로 할 것이며, 다른 사람들 모두 자기들의 요구에 따라야 한다고 반박한다.

총회는 구혼자들의 실태를 천하에 드러내기는 했으나, 그들에 대한 어떤 조치도 마련하지 못한 채 끝나버린다. 이 총회는 빈약하기는 해도 대의정치 체제의 초기 모델로서, 훗날 아테네를 비롯한 그리스 도시국가들의 민주정치를 미리 보여주는 제도다. 왕들은 물리적인 힘으로 다스리기는 해도 귀족들이 영향력을 행사해 정책 결정을 승인하거나 거부했으므로, 결코 절대군주는 아니었다. 왕권도 반드시 세습되는 것이 아니고, 힘과 부와 정복을 통해 쟁취되었다. 따라서 안티노우스와 에우리마쿠스는 페넬로페와 결혼하면 왕위에 오를 수 있다고 생각했던 것이다. 한편, 페넬로페는 세 가지 이유로 결혼을 미룬다. 오디세우스가 돌아오기를 바라는 희망, 내란을 피하려는 생각, 그리고 아들 텔레마코스의 안전이다. 그녀가 결혼하면 그 즉시 왕위 문제가 대두될 것이고, 그렇게 되면 아들 텔레마코스는 경쟁 구혼자들에 비해 입지가 취약한 상태다.

아테나는 계속해서 텔레마코스를 돕는다. 그녀는 구혼자들이 텔레마코스를 암살할 기미가 보이자 총회를 소집하게 했고, 비밀리에 필로스 행을 감행하도록 한다. 그녀는 아예 텔레마코스로 변장해 20명의 젊은이를 모으고 배 한 척을 구입한다. 다른 때는 믿음직한 상담자 멘토르로 가장한다. 이 자의 이름이 '스승, 돌보는 자'라는 뜻의 영어 단어 mentor의 유래다. 멘토르로 가장한 아테나는 필로스까지 왕자와 동행한다.

제 3 권

네스토르 왕의 회고담

 : 줄거리

텔레마코스와 아테나(멘토르로 변장)가 필로스에 도착해 보니, 4,500명이 81마리의 황소를 잡아 포세이돈 신에게 제사 지내는 거대한 의식이 진행되고 있다. 어리고 경험이 부족한 텔레마코스는 수줍고 당황스러웠지만, 아테나의 인도로 그리스 여러 도시국가 왕들 가운데 가장 연장자인 네스토르 왕의 호감을 얻는 데 성공한다. 네스토르의 처지나 필로스 왕국의 국정 전반은 오디세우스의 이타카와 비교하면 너무나 대조적이다. 이 같은 필로스에서의 경험과 아테나의 인도로 텔레마코스는 자기가 위대한 왕의 아들이자 계승자임을 자각하고 자위한다.

네스토르는 텔레마코스에게 옛날 이야기를, 그 중에도 특히 아가멤논이 암살당한 사건에 중점을 두고 자세히 전한다. 그러나 트로이 전쟁 승리 후 곧 헤어진 이타카 왕 오디세우스에 관해서는 별로 전해줄 이야기가 없다. 그러나 자기 아들 피시스트라토스와 함께 스파르타를 찾아가 아가멤논의 동생인 메넬라오스를 만나면 뭔가 도움이 될 만한 소식을 들을 수 있을 것이라며 스파르타 행을 권한다. 아테나는 배로 돌아가 선원들에게 지시를 내리고 자기 일을 보기 위해 다른 곳으로 떠나간다. 또 한 차례의 제사 의식을 거행한 후, 네스토르는 전차와 한 떼의 군마를 내주어 두 왕자에게 스파르타 여행길을 주선한다.

〈오디세이〉의 첫 4권은 학자들에게 '텔레마케이아 (Telemacheia)'라고 알려져 있다. 젊은 왕자가 어른이 되어가는 과정과 아버지에 관한 정보 탐험을 다루고 있기 때문이다. 전자의 의미로 보면 이 부분은 성년이 되는 이야기라고 하겠다. 멘토르로 변장한 아테나는 왕자에게 예의범절을 가르치면서 늘 그가 빨리 어른과 전사가 되어야 함을 인식시키고 있다.

주제 탐색 네스토르를 방문하는 장면에는 환대에 추가되어 두 가지 주제가 우위를 차지하고 있다. 그것은 동료와 가족에 대한 충성, 그리고 신들에의 헌신, 두 가지다. 전편(全篇)을 통해 등장인물들은 아가멤논의 이야기를 여러 번 인용한다. 아가멤논의 죽음에 관한 이야기는 이타카에서 벌어지는 상황과 대비되면서 충성심이 사라졌을 때 일어날 상황에 대한 경고 역할도 겸한다. 텔레마코스가 사교적 예의를 갖추고 진실로 배우려는 자세를 보이자, 네스토르는 자진해서 아가멤논의 죽음 이야기를 꺼낸다.

아가멤논은 위대한 전사였으며 트로이를 침략한 그리스 대연합군의 총사령관이었다. 그는 조카 아이기스토스를 남겨두고 참전하면서 조카에게 미케네 왕국을 다스리게 했다. 탐욕과 정욕에 흑심이 동한 아이기스토스는 신뢰를 저버리고 아가멤논의 아내 클리타임네스트라를 유혹했다. 부정한 두 연

인은 위대한 전사가 트로이에서 돌아오자마자 암살했다. 아가
멤논의 동생 메넬라오스는 부재중이니 형의 원수를 갚으려고
해도 갚을 수가 없었다. 후에 아가멤논의 자녀 오레스테스(아
들)와 엘렉트라(딸)가 아이기스토스와 왕비를 죽여 원수를 갚
는다. 이 이야기는 워낙 널리 알려진 터라, 호머 시대의 청중

들은 이미 다 알고 있었을 것이며, 후에 소포클레스(496-406 B.C.), 아에스킬루스(525-456 B.C.), 에우리피데스(470-406 B.C.)의 작품과 20세기 미국 극작가 유진 오닐의 작품 속에도 나온다. 덕목과 충성심 측면에서 페넬로페의 성격이 클리타임네스트라와 대조를 이루는 한편, 안티노우스나 에우리마쿠스 같은 구혼자들은 음흉한 아이기스토스의 닮은꼴이다.

아가멤논의 운명에 관한 네스토르의 이야기는 충성심의 중요성을 강조한다. 텔레마코스의 네스토르 방문은 신들에게 헌신하는 것 역시 중요함을 증명해 보이고 있다. 네스토르로서는 희생제물을 바치는 의식이 곧 신에의 헌신이었다. 텔레마코스가 필로스에 도착해서 처음 본 것이 포세이돈의 영광을 위해 베푼 거창한 연회였다. 그가 피시스트라토스와 함께 스파르타로 떠나기 전, 네스토르는 아테나를 위해 또한 차례 희생제물을 바치는 제사를 집전한다. 네스토르는 텔레마코스의 방문이 아테나의 섭리임을 감지한 것이다. 그리스인들은 신들이 일상생활 전반의 크고 작은 모든 일에 관여한다고 생각했기 때문에 신에 대한 헌신을 과시하는 의식이 필요하고 중요했다. 그것은 그들로서는 실용적이고도 정신적인 행사였다.

제 4 권

스파르타의 왕과 왕비

 줄거리

스파르타에 도착한 텔레마코스와 피시스트라토스는 따뜻한 환대를 받는다. 메넬라오스가 친구 오디세우스를 회고하자 텔레마코스는 감동해서 눈물을 흘린다. 왕 부처는 오디세우스가 트로이를 약탈하는 대목에서 이야기를 이튿날로 미룬다. 다음날 아침, 메넬라오스는 페넬로페를 둘러싼 구혼자들의 이야기를 듣자 분노를 표하며 텔레마코스를 격려한 다음, 오디세우스가 아직 살아 있으며 칼립소에게 잡혀 있다는 소식을 알려준다.

한편, 이타카에서는 텔레마코스가 사라진 사실을 눈치 챈 구혼자들이 매복해 있다가 귀환하는 배를 습격할 계획을 세운다. 페넬로페는 아들이 없어지고 구혼자들이 아들을 암살하려 한다는 소식을 듣자 거의 실성하지만 아테나가 보낸 환상이 위로하자 제 정신을 차린다. 호머는 몇몇 구혼자들이 기습을 위해 배를 띄우는 장면에다 텔레마코스의 줄거리를 엮어놓은 채, 이야기를 다른 곳으로 돌린다.

 풀어보기

 메넬라오스의 아내는 스파르타에서 납치되어 트로이 전쟁의 원인이 된 바로 그 헬렌이다. 훗날 이타카로 귀환하는 오디세우스의 모습을 미리 보여주기라도 하듯, 헬렌은 오디세우스가 거지로 변장하고 트로이 성내로 들어올 때 몸에 어떤 상처를 내고 어떤 옷차림을 했는지 설명해 준다. 당시 트로이인들과 함께 있던 그녀는 그 거지가 첩자임을 눈치 챘지만 비밀에 붙여 무사히 사라지게 해줬다고 말한다. 메넬라오스는 기억을 되살려 트로이군을 패망으로 이끈, 오디세우스의 전설적인 책략 트로이 목마 이야기를 텔레마코스에게 들려준다.

텔레마코스는 메넬라오스의 이야기에 흥미를 느끼지만, 다음날 오디세우스가 아직 살아 있으리란 이야기를 듣고는 몹시 고무된다. 트로이 전쟁 후 이집트 근처의 섬에 고립되어 있던 메넬라오스는 어느 날 고향 스파르타로 돌아가는 길을 알아내기 위해 포세이돈의 시종이자 뱀이나 표범, 멧돼지, 나무, 심지어 폭포수로까지 순식간에 자유자재로 변신할 수 있는 바다의 노인 신 프로테우스를 생포한다. 이 일은 프로테우스의 딸인 바다요정이 메넬라오스에게 자기 아버지 잡는 법과 아버지에게 물어보면 무엇이든 알려줄 것이라고 미리 가르쳐준 덕분에 가능했다. 메넬라오스는 프로테우스로부터 귀환 항로와 더불어 오디세우스가 칼립소에게 잡혀 오기기아 섬에 억류되어 있다는 정보를 덤으로 얻어들었던 것이다.

수 세기 동안 많은 학자들은 〈일리아드〉와 〈오디세이〉의 두 세계 모두를 한 작가가 그려냈을 수는 없다는 주장을 펴왔다. 〈오디세이〉의 여러 인물들이 이미 〈일리아드〉에서는 젊음이 넘쳐 전쟁에 헌신하든가 정욕의 짜릿함을 탐닉하는 인물들로 나온다. 헬렌이 그 대표적인 예다. 그녀의 납치로 트로이 전쟁이 발발했다. 〈오디세이〉에서도 그녀는 여전히 미인이지만, 이제는 중년 마나님의 분위기가 나서 사내의 욕망을 자극해 전쟁도 불사하도록 몰고 가는 〈일리아드〉의 헬렌이 전혀 아니다. 그렇지만 〈일리아드〉와 〈오디세이〉에 나타나는 그녀의 모습에 차이가 있다는 사실이 단일 작가의 작품이 아니라는 필연적인 증거일 수는 없다. 그보다는 오히려, 두 작품 사이의 시간적 경과 — 약 20년 — 를 드러낸다고 해야 옳을 것이다. 다시 말해 트로이 전쟁에서 살아남은 모든 주역들과 마찬가지로 헬렌도 단지 늙었을 뿐인지 모른다. 하지만 오디세우스만은 흐르는 세월과 무관한 것일까? 오디세우스에 관해 놀라운 것은 긴 세월이 흘러 노인이 되었는데도 구혼자들의 모욕에 맞서 한창 젊었을 때처럼 무기를 들고 싸워 이긴다는 사실이다.

제 5 권

오디세우스 — 요정과 난파선

: 줄거리

신들이 다시 올림포스에 모였다. 그러나 악명 높은 포세이돈은 여전히 참석하지 않는다. 아테나가 다시 한 번 오디세우스를 편들어 발언하자 제우스는 아들 헤르메스를 오기기아에 보내 이타카의 왕을 칼립소에게서 풀어주고, 아테나에게 텔레마코스가 구혼자들의 매복을 피해 무사히 귀국할 수 있도록 도우라고 충고한다.

칼립소는 제우스의 명을 어길 수 없자, 마지못해 헤르메스의 지시에 따르기로 한다. 그녀는 오디세우스에게 뗏목과 각종 보급품은 마련해 주지만 경호는 붙여주지 않는다.

오기기아의 해변에서 이 서사시의 주인공이 비로소 처음 등장한다. "그는 비탄에 젖어… 늘 그랬듯이, / 흐느낌과 신음과 탄식으로 가슴을 쥐어짜며 / 눈물어린 눈으로 황량한 바다를 응시하고 있다." 고향에 가고 싶은 것이다. 오디세우스는 칼립소가 자유를 주겠다고 하자 처음에는 반신반의하지만 진의를 알아차리고 즉시 떠날 채비를 갖추기 시작한다.

에티오피아에 볼일을 보러 다녀오던 포세이돈이 망망대해에 떠 있는 오디세우스의 뗏목을 발견한다. 그는 삼지창을 휘둘러 폭풍우를 몰아치게 해서 오디세우스를 거의 익사지경에 빠뜨린다. 아테나 여신과 바다 요정 레우코테아의 도움으로 목숨을 건진 오디세우스는 파에아키아인들이 사는 스케리아 섬* 해안에 다다른다.

·풀어보기

이 서사시 전반을 통해 호머는, 독자들이 이미 전체 줄거리를 잘 알고 있다는 것을 확인이라도 하려는 듯이, 이따금 다가오는 사건들을 넌지시 알려주곤 한다. 제5권 초반에서 제우스가 헤르메스에게 지시를 내리며 오디세우스의 미래에 관

---

* **스케리아 섬**(Scheria): 그리스와 알바니아 경계 부근의 이오니아 해에 있는 섬. 파에아키아 섬, 코르푸 섬이라고도 한다.

해 던지는 말이 그 예다.

(문학적 장치) 시인 호머의 재능은 직물을 짜나가는 방식으로 나타난다. 그가 즐겨 쓰는 도구는 수사학, 즉 언어를 효과적으로 조작하는 기술인데, 특히 등장인물의 연설에서 돋보인다. 한 예가 제2권의 이타카에서 열린 총회 장면이고, 다른 하나는 제5권 첫머리 올림포스 산에서 열린 신들의 총회에서 아테나가 제우스에게 하는 탄원연설이다. 〈오디세이〉는 현존하는 서구 문학의 최초창기 작품임에도 불구하고, 동원되는 수사학은 굉장히 세련되고 현대적이다.

(문학적 장치) 아테나는 반어법을 이용해 논지를 확실하게 펼쳐나간다. 오디세우스의 운명을 볼 때, 그런 성품의 인간 왕이 전혀 응분의 보상을 받지 못하니, 제우스와 다른 신들은 앞으로 친절하고 공정한 인간 왕을 만들지 말라는 것이다. 그리고 오디세우스는 함대와 부하들을 잃고 오기기아 섬에 내동댕이쳐져 있고, 아들은 생명이 위태롭다면서 열을 내며 본론으로 옮겨가려 할 즈음 제우스가 말을 막는다. 그는 확신을 얻은 판사이자 관대한 아버지처럼, 오디세우스를 해방시켜주자는 아테나의 주장에 동조한다.

(인물 탐색) 제5권은 독자가 오디세우스를 처음 만나는 대목인데, 호머가 그를 칼립소가 사는 오기기아 섬 해변에 홀로 서서 좌절해 슬피 우는 자로 그리고 있다는 것은 흥미롭다. 시 전반을 통해, 오디세우스는 자가당착적 모순에 차 있는 복잡

한 성격의 인물이지 우리가 흔히 보는 전형적인 영웅의 모습은 결코 아니다.

현대 독자들은 도덕에 관해 명백히 이중 잣대를 지닌 이 서사시가 의아스러울 수도 있다. 이를테면, 페넬로페는 모든 구혼자들을 물리치고 지조 있게 남편이 돌아오기만을 기다리며 20년을 독수공방한다. 그런 반면, 오디세우스는 적어도 두 건의 장기적인 외도 경험을 갖는다. 그는 밤이면 칼립소의 침대에서 함께 지내면서도 낮이면 고향과 가족을 그리워하며 괴로워한다. 그러나 호머 시대의 청중은 이 두 가지를 양립시키는 데 별 어려움이 없다. 오디세우스는 칼립소가 제시하는 육체 · 정신 · 영생이라는 분명한 유혹에도 불구하고 페넬로페와 고향 이타카의 생활로 돌아가고 싶어했기 때문이다. 오디세우스나 동시대인 청중들은 오디세우스가 자신을 위한 행동 규범과 페넬로페를 위한 행동규범을 따로 가졌다는 이중성에 전혀 개의치 않았다. 아니, 그런 생각은 하지도 못했다.

칼립소는 헤르메스가 오디세우스를 풀어주라고 전하자 처음에는 신들의 이중 기준에 분노를 표시한다. 그녀는 남자 신들은 툭하면 인간 여인들과 놀아나면서 어쩌다 여신이 인간을 사랑하면 못마땅해 하는 '적수가 없는 질투의 왕들'이라고 분노하며 무수한 사례를 열거하지만 결국은 제우스의 판단에 따라 물러선다.

공주와 나그네 | 파에아키아 왕실과 정원 | 잔칫날

: 줄거리

왕 알키노우스와 왕비 아레테는 스케리아 섬에 사는 뱃사람들인 파에아키아인들의 지배자다. 표류하던 오디세우스가 이 섬에 닿자 아테나는 왕의 딸 나우시카의 친구로 변장해 그녀를 꾀어 시녀 몇 명과 바닷가로 나가 조난당한 주인공이 쓰러진 곳 부근에서 빨래를 하게 만든다.

나우시카는 혼기가 꽉 찬 미인인데, 이 표류자에게 매력을 느꼈던 것 같다. 그녀는 오디세우스에게 무사히 고향으로 돌아가고 싶다면 궁전에 가서 왕비의 총애를 받으라며 그 방법을 알려준다. 그녀가 가르쳐준 대로 행동한 오디세우스는 왕가의 환대를 받는다. 여기서 유의할 것은 오디세우스가 나우시카를 만났을 때, 의례적인 탄원자의 자세를 취하지 않았다는 점이다. 나우시카가 그를 도울 만한 힘이 없을 수도 있다고 판단했거나, 무릎을 꿇고 그 처녀의 다리를 껴안는 탄원자의 자세를 취했다가는 자칫 당혹스럽게 만들어 그를 해치지나 않을까 하는 신중함에서였을 수도 있다. 그러나 아레테 왕비 앞에서는 망설임 없이 탄원자의 자세를 취했고, 자비를 얻어내는 데 성공한다.

신분을 밝힌 오디세우스는 파에아키아인들이 귀환을 도와주겠다고 하자 감사를 표한다. 그러나 출발에 앞서 먼저 유랑 경험담을 들려주어야 한다. 그 이야기가 다음 네 권(제9-12권)으로, 이 서사시에서 가장 널리 알려진 부분이다.

　　제6-8권은 파에아키아 부분인데, 동화나 민담의 영향을 받은 것이 틀림없어 보인다. 이것은 여러 문화에서 공통적으로 발견되는 장르로서, 아름답고 순진한 소녀, 주로 공주가 남루한 차림에 나이가 많지만 경험이 풍부한 미남 나그네에게 반하는 구성에 꼭 들어맞는다. 때때로 두 사람은 하나가 되기도 한다. 대개의 경우 남자가 처녀를 (정도의 차이는 있지만) 감동시켜 관계가 발전해 나간다. 현대에도 이런 주제는 소설이나 드라마에서 인기가 높다. 오디세우스는 나우시카의 매력을 인정하면서도 페넬로페에게 돌아가려는 일념뿐이다.

　　파에아키아는 확실히 일종의 유토피아이다. 사소한 예외를 빼고는 그곳 주민들은 예의 바르며, 개화되고, 친절하다. 의지할 데 없는 나그네들을 환대하는 모습은 〈오디세이〉 어디서나 볼 수 있는 일반적 현상이다. 그러나 이곳 사람들은 환대에 그치지 않고 더 나아가 나그네들을 고향으로 돌아가게 주선까지 해준다. 이런 전통은 그들이 섬기는 제우스의 뜻과도 일치한다. 제우스 신은 길 잃은 방랑자의 보호자이면서 탄원하는 자의 옹호자다. 섬 자체가 낙원이다. 과수원에는 사과, 배, 무화과, 석류 등등 갖가지 과일이 일 년 내내 달리고, 채소와 곡식이 넘쳐 굶주리는 자가 없다.

인물 탐색 파에아키아인들은 뛰어난 투사는 아니지만, 훌륭한 선원이요 춤꾼이자 운동선수다. 체육 기술 시범 때, 브로아드세아라는 젊은이가 공개적으로 오디세우스를 흉내 내며 그에게 도전하여 알키노우스 왕의 입장을 난처하게 만들기도 한다. 그러나 이 위대한 이타카인은 이 섬의 어느 젊은이보다도 원반을 더 멀리 던진다. 그는 재치가 있고 화술에도 능해 주인은 그가 범상한 인물이 아니라는 확신을 갖게 된다. 데모도코스라는 눈먼 음유시인이 트로이의 약탈을 노래로 읊자, 오디세우스가 울음을 터뜨린다. 알키노우스 왕은 혹시 오디세우스가 그 노래에 나오는 영웅들 가운데 하나가 아닌지 의심한다. 마침내 오디세우스가 신분을 밝히고, 그동안 겪은 방랑기를 들려주기에 이른다.

주제 탐색 이 서사시에 반복해서 나타나는 주제는 외모와 실제 사이의 충돌이다. 우선 변장의 대가인 아테나는 그때그때 목적에 가장 적절한 인물로 나타난다. 그리고 사상 최초의 분장 전문가여서 텔레마코스나 오디세우스처럼 그녀가 돌보는 자가 인상적으로 보여야 할 필요가 있으면 최선을 다해 그렇게 분장시킨다. 예를 들어, 오디세우스가 자축 준비를 할 때, 아테나는 그를 더 크고 듬직하고 모든 면에서 더 멋지게 보이도록 분장시킨다. 트로이의 영웅 역시 변장에는 일가견이 있다. 그는 거지 차림으로 트로이 성에 잠입했고, 그리스군을 가득 채운 트로이 목마의 계략을 창안해냈다. (그 이야기는 여기

서 데모도코스가 노래로 불렀다.) 나중 일이지만 오디세우스
가 이타카로 돌아가는 길도 변장술로 한결 쉬워진다. 그가 지
금부터 들려주려는 방랑 이야기 전체를 통해, 외모 대 실체라
는 주제는 그의 편력을 더욱 복잡하고 풍요롭게 만든다.

제 9 권

외눈박이 거인의 동굴

: 줄거리

파에아키아인들에게 신분을 밝힌 오디세우스는 방랑기를 이야기한다. 트로이 전쟁이 승리로 끝난 후, 그와 부하들은 키코네스의 요새도시 이스마루스로 향한다. 그곳에 도착한 그들은 남자들을 죽이고, 여자들은 노예로 삼으며, 약탈물을 거둬들인다. 오디세우스는 즉시 떠나자고 재촉하지만 부하들이 그 경고를 무시하다가 키코네스인들이 증원군을 모아 반격하자 결국 바다로 후퇴한다. 폭풍이 불어 항로를 벗어난 오디세우스 일행은 어떤 섬에 표착한다. 그곳 주민들은 적대적은 아니었으나 문제가 있다. 주민들처럼 로터스라는 식물을 먹은 부하들이 기억을 상실하고 귀향 의욕을 잃고 마는 것이다. 오디세우스는 간신히 부하들을 데리고 바다로 돌아간다. 그 다음 닿은 곳은 외눈박이 거인 무법자 키클롭스들이 사는 나라다. 키클롭스 중 하나인 폴리페무스가 오디세우스와 척후대를 생포해 동굴에 가둔다. 그들이 그곳에서 탈출한 것은 오직 이 그리스 영웅의 꾀 덕택이다.

: 풀어보기

 독자들은 오디세우스가 파에아키아인들에게 신분을 밝힐 때, 그의 긍지를 허세로 혼동해서는 안 된다. 호머 시대의 사람에게 이름과 명성은 중요했다. 오디세우스가 자신의 '명성이 하늘에 닿았다'고 한 말은 사실을 있는 그대로 이야기했을 뿐이다. 이 당시 문화에서 명성은 가장 중요했지만 이처럼 최상급의 긍지 표현은 나중에 그가 폴리페무스로부터 달아나면서 자기 이름을 외치는 어리석음을 미리 암시하는 것으로 볼 수 있다.

제9권에서 12권까지 네 권은 오디세우스의 방랑기로서, 가장 유명한 부분이다. 오디세우스는 지금은 어째서 항로를 벗어나 이타카에 돌아가지 못하고 있는지에 관해서는 설명하지 않는다. 제1권에서 이타카의 유명한 음유시인 페미우스가 "트로이로부터의 그리스인들의 귀환여행"이라는 시를 읊는 대목이 나오지만, 거기에도 상세한 경위가 나오지 않는다. 그러나 일부러 숨긴 것은 아니고, 트로이 전쟁이 끝난 후, 트로이의 아테나 신전에서 소(小) 아이아스*가 카산드라를 겁탈하려다 미수에 그친 사건이 있었는데, 그리스군이 그 신성모독 행위를 처벌하지 않아 여신의 노여움을 샀다는 이야기는 호머 시대 사람이라면 모르는 이가 없을 정도로 널리 알려진 것이었기 때문이다.

---

* **소 아이아스**(Ajax): 소 아이아스는 로크리스의 왕자로서, 살라미스의 왕자이며 '그리스군의 방호벽'이란 별명을 가진 유명한 전사 대(大) 아이아스와는 별개 인물이다. 대 아이아스는 아이아스 텔라모니오스이다. 카산드라는 트로이의 공주로서 예언자다.

주제 탐색 많은 비평가들은 오디세우스의 방랑을 투사로서만이 아니라 위대한 왕으로서의 지혜를 습득토록 하기 위한 일련의 시험과 훈련과정으로 본다. 그렇다면 오디세우스의 판단력 함양이 핵심 열쇠일 것이다. 오디세우스는 살아남아 훌륭한 왕이 되려면, 용감하고 약삭빠른 것도 좋지만 궁극적으로는 지혜로워야 한다.

첫 시련은 키코네스이다. 어떤 이들은 키코네스가 트로이의 동맹국이었기 때문에 오디세우스가 이스마루스를 약탈했다고 본다. 그저 그 도시가 거기 있었으므로 약탈한 것이라고 하는 사람들도 있다. 이타카인들에게 해적질이나 노략질이 당당한 직업이었던 것은 확실하다. 문제는 약탈 자체가 아니라, 오디세우스의 바보 같은 부하들이 오디세우스의 권고를 무시한 사실이다. 습격에 성공해 꽤 많은 전리품을 얻었으니 오디세우스는 달아날 것을 원하지만 부하들은 먹고 마시며 놀았고, 그동안에 응원군을 모은 키코네스인들에게 축출당하고 만다. 오디세우스는 배 한 척당 6명씩이나 부하들을 잃는다. 그나마 살아서 바다로 탈출한 것만도 다행이다.

탈출은 했으나 폭우와 강한 북풍 때문에 배들이 항로를 벗어난다. 선단이 말레아 곶(크레테 섬 북북서쪽 키테라 섬에 가까운 돌출부)을 돌 즈음이니, 북북서로 500km쯤만 더 가면 고향 이타카 섬이다. 그런데 바람에 떠밀려 엉뚱한 곳으로 가다가 9일 후 로터스를 먹는 자들의 섬에 당도한다. (호머의 지리에는 의문의 여지가 많다. 어떤 학자들은 그 섬이 리비아 또는 그 근처라고 본다.)

〈오디세이〉의 전설에 관해 약간 알고는 있지만 막상 전체를 처음으로 읽는 학생들은 로터스를 먹는 자들의 섬 이야기가 겨우 25행에 불과한 것을 보고 깜짝 놀랄 것이다. 호머는 여기서 보편적인 주제, 약물을 이용한 망각의 유혹을 다룬다. 로터스를 먹는 자들은 그리스인의 생명이나 재산에는 관심이 없다. 위험은 로터스와 그것이 일으키는 망각이다. 이번에는 오디세우스의 판단이 먹혀들어 달콤한 과일 맛에 빠져 기억과 야심을 몽땅 잃어버리는 부하가 여럿으로 늘어나기 전에 그들을 이끌고 바다로 되돌아가는 데 성공한다.

인물 탐색 방랑자들이 다음 번에 만난 키클롭스들은 파에아키아인들과는 영 딴판이다. 파에아키아인들은 한때 키클롭스들 근처에 살았지만, 이 야수 같은 무법자들을 피해 스케리아 섬으로 이주했다. 파에아키아인들이 문명화되고 평화를 사랑하는 데 비해 키클롭스들은 법도 없고, 총회도 없고, 문명이나 환대에도 관심이 없다. 오디세우스의 판단력이 여기서 또 한 번 시험대에 오른다. 이 섬 해변에서 염소고기로 배를 불린 오디세우스와 부하들은 그냥 섬을 떠나면 그만이었다. 그런데 그 섬에 누가 사는지 호기심이 발동한 오디세우스는 정예 부하 십여 명으로 척후대를 편성해 아폴로의 사제로부터 얻은 아주 독한 술 한 부대를 가지고 해변 근처의 동굴 탐험에 나

선다. 그 동굴은 키클롭스 가운데 하나인 폴리페무스의 소굴이다. 그 안에 쟁여놓은 많은 음식을 발견한 부하들이 훔쳐 가지고 떠나자고 하지만 오디세우스는 기다렸다가 주인의 환대를 받자고 우긴다. 그러나 알고 보니 주인은 그런 우호적인 인물이 아니다.

포세이돈의 아들인 거인 키클롭스 폴리페무스는 거의 신에 가까운 힘의 소유자다. 그는 환대라든가 환영이라는 개념을 비웃기라도 하듯, 당장에 일행 두 명을 잡아먹고, 나머지는 뒷날의 식사거리로 동굴 속에 가둔다. 일이 이렇게 되자 키클롭스가 외출한 사이 오디세우스는 묘안을 짜낸다. 그들은 그 거인이 몽둥이로 쓰던 커다란 올리브 나무를 길이 여섯 자짜리 막대로 잘라 한쪽 끝이 뾰족한 창을 만들어 불더미 속에 넣어 달군다. 그날 밤 돌아온 거인 키클롭스는 또 일행 두 명을 식사로 잡아먹는다. 이때 오디세우스가 입가심으로 술을 부어주자 거만해진 거인은 세 주발이나 가득 받아 마신다.

거인은 술을 마시면서 오디세우스에게 이름이 뭐냐고 묻는다. 약삭빠른 주인공은 이름이 '우티스'(outis. 그리스어로 '아무도 아닌 자'의 뜻)라고 대답한다. 거인이 술에 곯아떨어지자 그리스인들은 그 기회를 틈타 숨겨둔 창을 거인의 외눈에 쑤셔 박아 장님으로 만든다. 키클롭스는 비명을 지르며 뛰쳐나가 도움을 청한다. 달려온 다른 키클롭스들이 어느 놈 소행이냐고 묻자, 폴리페무스는, "우티스(아무도 아닌 놈)…

우티스가 힘이 아니라 사기를 쳐서 날 죽이려 한다!"고 외친다. 장님이 된 폴리페무스가 다음날 양들을 풀어놓자 오디세우스와 부하들은 양들의 아랫배에 달라붙어 방패삼아 달아난다.

인물탐색 바닷가로 달아나 배를 탄 오디세우스는 또 한 번 판단 실수를 범한다. 부상당한 괴물을 큰 소리로 조롱한 것이다. 이 소리를 들은 폴리페무스가 대충 방향을 잡아 배를 향해 바윗덩이들을 던지자 아슬아슬하게 빗나간다. 웬일인지 오디세우스는 다시 큰소리로 거인을 조롱한다. "너를 장님으로 만든 사람은 '우티스'가 아니라 이타카의 왕 오디세우스이니라!" 단지 자만심에서 한 말이겠지만 이 어리석은 교만은 폴리페무스에게 가해자가 누구인지를 확실히 알려준 꼴이 된다. 폴리페무스는 바다의 신인 아버지 포세이돈에게 복수를 해달라고 청한다. "오디세우스가 고향에 돌아가지 못하게 해주소서. 만일에 돌아가도록 이미 운명이 정해져 있다면, 돌아가더라도 최대한 늦게, 힘들게, 외롭게 돌아가되, 집안이 쑥대밭이 되어 있게 해주소서." 나중에 타이레시아스의 예언(제11권)과 키르케의 경고(제12권)를 통해 다시 듣게 될 바로 그 저주를 지금 폴리페무스가 포세이돈에게 요청하는 것이다. 그와 이타카 사이에 놓인 것이 바다인데, 폴리페무스의 저주를 받아 바다의 신을 새로운 적으로 모셨으니, 자만심을 충족시키기 위해 엄청난 대가를 지불한 결과가 되고 말았다.

제 10 권

아이아이에의 마녀왕비

 :줄거리

키클롭스로부터 탈출한 오디세우스와 부하들은 바람의 신 아이올루스의 섬에 도착해 환영을 받고 몇 달간 머문다. 하루바삐 고향에 가고 싶은 오디세우스는 아이올루스로부터 황소가죽 부대를 선사받는다. 그 속에는 항로를 방해할 만한 바람이 모두 갇혀 있다. 오직 서풍, 그들을 이타카로 데려다줄 바람만 갇히지 않는다. 출항 후 열흘 만에 그들은 고향 섬에 근접한다. 섬에서 봉홧불을 피우는 사람들의 모습이 보일 정도로. 지친 오디세우스가 잠든 사이, 가죽 부대를 궁금히 여기고 의심하던 부하들이 그 속에 보물이 숨겨진 줄 알고 그만 부대를 열자 광풍이 몰아쳐 배는 순식간에 아이올루스의 섬으로 되돌아오고 만다. 그러나 바람의 신은 더 이상은 그들을 도우려 하지 않는다.

바람의 덕을 볼 수 없게 된 그들은 노를 저어 라이스트리고네스인들의 섬에 도착한다. 이 거인 식인종이 갑자기 오디세우스의 부하들을 기습해 한 명을 잡아먹는다. 그들이 배를 타고 달아나자 뒤쫓아가 11척의 배를 침몰시킨다. 피신에 성공한 것은 오직 오디세우스의 배뿐이다. 다시 바다로 나간 배는 아이아이에 섬에 도착한다. 그곳에는 아름답지만 위험한 여신 키르케가 살고 있다. 오디세우스 일행은 여신 키르케의 마술로 곤경에 빠지지만, 전령의 신이자 제우스의 아들 헤르메스가 개입해 위기를 극복하고 오히려 키르케의 도움을 받게 해준다.

　　그리스인들은 이타카에 가까이 이르지만 폭풍에 휩쓸려 되돌아가는 대목에서 판단력이 또 다시 결정적인 문제로 대두된다. 아이올루스는 오디세우스에게 호감을 갖고 환대한다. 그는 방해가 될 만한 바람을 모두 황소가죽 부대에 가두어 오디세우스의 배에 실어준다. 그러나 키코네스에서 처음에는 승리하지만 뒷감당을 못했듯이, 여기서도 오디세우스는 부하들을 끝까지 통제하지 못한다. 그가 잠든 사이에 호기심과 의심이 발동한 부하들이 부대 속에 보물이 들어 있을 것으로 생각하고 그것을 열자, 온갖 역풍이 그들을 아이올루스의 섬으로 되돌아가게 만드는 비극이 일어난다. 바람의 신은 더 이상 오디세우스를 도우려 하지 않는다. 저토록 불행한 자들이라면 분명 신들이 버렸기 때문이라고 판단한 것이다.

　　이타카 코앞에서 폭풍에 되날려간 오디세우스의 낙심이 얼마나 컸을지 알 만하다. 그는 간신히 자살 충동을 극복한다.

　　아이올루스로부터 바람의 도움 없이 노를 저어 항해하던 오디세우스 선단의 앞길에는 더욱 나쁜 운이 기다리고 있다. 라이스트리고네스인들의 섬에 상륙한 것이다. 오디세우스는 신중하게 거주자들의 성향을 알아보기 위해 척후대를 보낸다. 그때 갑자기 섬 주민들이 척후대와 오디세우스의 배를 공격한다. 라이스트리고네스인들은, 키클롭스들처럼 거대한 돌을 던

지고 작살로 고기를 잡듯 오디세우스 일행을 공격한다. 이 기
습에서 오직 오디세우스가 지휘한 배만이 겨우 달아난다.

　　오디세우스의 배가 이번에는 키르케가 다스리는 아이
아이에 섬에 도착한다. 물론 부분적으로 신들의 도움을 받기
도 하지만, 여기서는 조심성과 판단력이 그들을 구원한다. 이
번에도 오디세우스는 정찰대를 보낸다. 겉보기에 아름답고 친
절한 여신 키르케가 마술적인 매력과 고혹적인 목소리로 그들
을 맞이한다. 키르케는 그들을 집안으로 불러들여 마약을 먹
인다. 이 마약은 로터스처럼 기억을 지워버려 정찰대는 고향
생각을 잊어버린다. 그러자 여신은 지팡이로 그들을 건드려

돼지로 변하게 한 다음 우리에 몰아넣는다. 의심을 품고 뒷전에 있던 에우릴로코스만은 이 횡액을 피해 귀환한다. 보고를 받은 오디세우스는 지휘자로서의 용기를 발휘해 즉시 단신으로 부하들을 구출하러 나선다.

그러나 용기만으로는 하루도 버티지 못한다. 젊은이로 변장한 헤르메스가 개입해 키르케를 이기는 방법을 일러준다. 그는 약초 다린 물을 건네며 키르케가 주는 독약의 해독제로 마실 것과, 여신이 지팡이를 휘두르면 위축되지 말고 칼로 여신을 죽일 듯이 맞붙어 싸우면 항복하고 성적 호의를 베풀 것이라고 알려준다. 그러나 그때 무턱대고 받아들일 것이 아니라 부하들을 마법에서 풀어주고 앞으로는 잘 대하겠다는 맹세를 받은 연후에 응하라고 가르쳐준다.

일은 헤르메스가 예언한 대로 풀려간다. 그 후 1년간 오디세우스와 부하들은 먹고 마시며 즐거운 세월을 보낸다. 오디세우스는 헤르메스의 예언대로 키르케와 잠자리를 같이한다.

그러나 고향을 잊지 못한 부하들은 오디세우스에게 귀국 여행을 다시 시작하자고 조른다. 키르케는 약속대로 그들을 돕지만 여행을 시작하기 전에 먼저 저승, 즉 죽은 자의 나라(하데스라고도 함)에 가서 눈먼 예언자 티레시아스를 만나 영험한 이야기를 듣고 오라며, 그곳에 가는 방법을 자세히 일러주고 보급품도 마련해 준다. 일행은 불안한 마음으로 지구의 끝 황천을 향해 항해를 시작한다.

제 11 권

죽은 자의 나라

 줄거리

    죽은 자의 나라는 생전 태양을 보지 않고 안개와 구름에 둘러싸여 사는 키메리아인들의 거주지에서 멀지 않다. 오디세우스는 키르케의 지시에 따라 키메리아인들의 나라를 지나가서 땅을 파고 그녀가 처방한 대로 우유와 벌꿀과 잘 익은 포도주와 물을 섞어 만든 제주(祭酒)를 붓고는 의식에 따라 보리를 뿌리고 숫양과 암양을 제물로 바친다. 양들의 검은 생피가 구덩이를 따라 흐르자 죽은 자의 망령들이 몰려든다.

    처음 출현한 망령은 오디세우스 일행이 키르케의 섬을 떠나기 직전에 죽은 부하 엘페노르이다. 그는 술에 취해 키르케의 집 지붕에서 자다가 새벽녘에 떨어져 죽었는데, 급히 떠나야 했던 오디세우스는 그를 묻어주지 못했다. 엘페노르의 망령은 오디세우스 일행이 이타카에 돌아가거든 적절한 장례식을 치러달라고 부탁한다. 피가 흐름에 따라, 예언자 티레시아스, 옛 전우 아가멤논과 아킬레스 등이 잇달아 나타난다.

 풀어보기

문학적 장치   죽은 자의 나라는 죽은 자, 즉 망령들이 응분의 보상인 심판을 받는 곳이다. 오디세우스는 망령이 아니라 방문

자이므로 심판과는 무관하지만, 옛 전우들을 비롯한 전설적인
인물들, 심지어 어머니까지 만나는 것을 보면 그 역시 인간임
이 문맥에서 저절로 확인된다. 그는 지시에 따라 테베* 출신의

---

* **테베**(Thebes): 그리스어로는 테바이(Thebai). 그리스 중부에 있는 옛 도시. 역자 주.

눈먼 예언자 티레시아스를 먼저 만나 이야기를 들어야 한다. 그 전에는 어머니조차도 만날 수가 없다. 망령들은 피를 마심으로써 일순간이지만 생명을 되찾고 오디세우스와 진실한 대화만을 나눌 수 있게 된다.

티레시아스는 오디세우스가 땅을 뒤흔드는 신(포세이돈)의 아들(키클롭스 폴리페무스)을 장님으로 만들었기 때문에 그 신이 노해 있다며, 오디세우스와 부하들이 많은 문제를 겪어야 하지만 만일 그들이 적절한 판단과 통제력을 발휘한다면 살아서 고향에 돌아갈 수는 있을 것이라고 희망을 준다. 그리고 무엇보다도 중요한 주의 사항은 어떤 유혹을 받더라도 절대로 태양의 신 헬리오스의 가축을 해치지 말라는 것이다. 만일 가축을 해치면 오디세우스 일행은 모두 죽을 것이라고 말한 후, 제9권에서 키클롭스가 퍼부은 저주의 메아리인 양, 오디세우스가 혹시 생환한다 하더라도 동료를 모두 잃은 파멸한 인간으로서 일 것이며, 그의 가정은 완전히 엉망이 되어 있을 것이라고 예언한다. 그뿐이 아니다. 예언자는 오디세우스가 또 한 가지 시련을 겪어야 한다고 말한다. 그의 신탁에 의하면, 오디세우스는 언젠가 내륙으로 배를 저어 들어가 어떤 족속을 만나야 한다. 그 족속은 노를 곡식 까부르는 키로 생각할 만큼 바다를 전혀 모른다. 따라서 그 족속을 만난 장소에서 포세이돈 신에게 용서를 비는 제사를 올려야 한다. 이런 신탁을 모두 해내면 비로소 제 명을 다 살고, 평화 속에 생을 마감

할 수 있게 될 것이다. (그러나 이 내륙 여행은 본문에는 나오지 않는다.)

오디세우스는 예언자와의 대면을 마친 후에야 어머니를 만나 이야기를 나눈다. 죽은 자들 가운데서 어머니를 발견하기 전까지는 어머니가 비탄에 빠져 아들을 그리워하다가 돌아가셨다는 사실조차 모르고 있다. 어머니는 아들에게 아버지 라에르테스가 아직 살아 있으나, 비슷한 슬픔에 빠져 삶의 의욕을 잃고 있다고 말한다. 오디세우스는 어머니의 손을 잡아보려고 세 번이나 시도하지만 모두 실패한다. 살아 있는 인간이 아니기 때문이다. 이 서사시에서 지극히 감동적인 장면 가운데 하나다.

문학적 장치 오디세우스는 트로이 전쟁의 옛 전우인 아가멤논과 아킬레스도 만나 이야기를 나눈다. 아가멤논은 아내 클리타임네스트라와 그녀의 정부 아이기스토스에 의해 암살당한 이야기를 한다. 이 이야기는 여러 차례 나오는데, 부정한 클리타임네스트라와 헌신적인 정절의 여인 페넬로페를 대비시키기 위함이다.

아킬레스와의 만남은 평론가들 가운데 이론이 분분하다. 이 만남은 영웅의 명예로운 죽음은 어떤 영원성·신비성이 있을 것이란 우리의 상상과 너무 배치되기 때문일 것이다. 죽음은 죽음일 뿐이라는 아킬레스의 솔직한 태도는 극히 인간적인 수준이다. 그는 죽은 자의 왕이 되느니 소작농의 노예로라도 살아 있으면 좋겠다고 말한다. 아킬레스의 유일한 위안은 아들이 잘 살고 있다는 소식뿐이다.

　　다른 망령들이 떼 지어 몰려들자 당황한 오디세우스는 출발을 서두른다. 그는 어떤 투쟁과 고난을 겪으며 살더라도 이승이 죽은 자의 나라보다는 낫다고 느낀다.

태양신의 가축

∶줄거리

아이아이에로 돌아온 오디세우스는 약속대로 엘페노르의 주검을 수습해 장례를 치러준다. 키르케는 이번에도 큰 도움을 준다. 그녀는 다음 날 새벽에 출발할 오디세우스에게 보급품과 함께 장차 그가 맞게 될 재난에 대해 중요한 경고를 한다. 먼저, 세이렌들 곁을 지나가야 한다는 것이다. 그들은 저항할 수 없는 매력적인 노래로 선원들을 자기네 섬의 해변 암초에 좌초하게 만든다. 그 다음은 아르고나우트인들 외에는 아무도 피해간 적이 없다는 부딪치는 바위*를 무사히 통과해야 한다.

부딪치는 바위를 우회할 수도 있지만 그것도 안전하지 않다. 거기에는 스킬라나 카리브디스**가 버티고 있다. 스킬라는 안개에 가려진 동굴에 매달려 잠복중인 머리가 여섯 개 달린 괴물이다. 이 여자 괴물과 싸워서는 이길 자가 없다. 그녀는 숨겼던 머리를 순식간에 내밀어 세 줄로 난 두꺼운 독이빨로 그리스 선원쯤은 한꺼번에 6명을 먹어치울 수가 있다. 그리고 카리브디스는 하루에 세 차례 소용돌이를 일으켜 근처에 접근하는 것들을 화살보다 빠른 속도로 집어삼키는 괴상한 바닷물이다.

---

* **부딪치는 바위**(Clashing Rocks): '방랑하는 바위(Wandering Rocks)' 또는 '유랑자(Rovers)' 라고 번역된 책도 있다.

** **스킬라**(Scylla) · **카리브디스**(Charybdis): 스킬라와 카리브디스는 시실리와 이탈리아 본토 사이의 메시나 해협이라는 설이 있다.

만일 이 모든 어려움을 모두 극복한다고 해도, 더 어려운 시험을 이겨내야 한다. 태양신 헬리오스의 트리나키아 섬*의 유혹을 참는 일이다. 무슨 일이 있어도 오디세우스 일행은 태양신의 신성한 가축들을 해쳐서는 안 된다. 그 유혹만 물리치면 고향에 돌아갈 수 있다. 그러나 그 가축들을 해치면 배는 물론이고 전원이 죽음을 당할 것이다. 혹시 오디세우스만 살아서 고향에 돌아갈 수 있을지 모르지만, 아주 더디게 외로이 파멸한 인간으로서 돌아가게 될 것이다. 키르케의 이 마지막 경고는 키클롭스의 저주(제9권)와 티레시아스의 예언(제11권)의 되울림이다. 독자들에게, 키르케의 경고는 장차 일어날 일들에 대한 예고편처럼 느껴진다.

:풀어보기

호머 시대에 충성심과 약속 준수는 가장 중요한 두 가지 덕목이다. 죽은 자의 나라와 그곳의 공포로부터 탈출해 아이아이에 섬으로 돌아온 안도감이 채 가시기도 전에 오디세우스가 제일 먼저 하는 일은 엘페노르의 장례식이다. 먼저 시체를 갑옷과 함께 화장용 장작더미 위에 올려놓고 태운다. 그리고 재를 땅에 묻고는 봉분을 만들고 비석을 세운 다음, 그 선원의 노를 꽂아⋯ 그의 묘임을 알린다. 이 의식은 그보다 약 1,500년 뒤에 지어진 고대 영국의 서사시 〈베어울프 *Beowulf*〉

---

* **트리나키아 섬**(Thrinacia): 현 시실리의 옛 이름 트리나클리아(삼각형)와 유사하므로 시실리 섬을 가리킨다는 학자도 있다. 역자 주.

의 끝머리에 나오는 선원의 장례식과 유사하다.

인물탐색 로터스를 먹는 사람들의 이야기처럼 세이렌들이 나오는 부분도 〈오디세이〉에서 가장 널리 알려진 에피소드라는 점을 감안하면 놀랄 정도로 짧다.(40행도 안 된다.) 그 대목에서 호머는 또 한 번 보편적인 진실, 즉 치명적이지만 인간으로서는 저항하기 힘든 유혹과의 싸움을 그리고 있다. 키르케는 세이렌들에 대처할 현실적이고도 단순한 대책을 일러준다. 밀랍으로 귓구멍을 막으라는 것이다. 그러나 오디세우스를 잘 아는 키르케는 그가 지적 호기심에서 세이렌들의 노래 소리를 꼭 들을 것임을 알고 있다. 따라서 오디세우스만은 귀를 막지 말고 돛대에 밧줄로 묶어두되 그가 풀어달라고 하면 더욱더 동여매서 꼼짝 못하게 하라는 방안을 내놓는다. 누구건 해변에 너무 가까이 다가가면, 키르케는 경고한다. '고향으로 배를 타고 가지 못하고, 일어나 남편을 맞는 아내를 만나지 못하고, / 아버지를 보자 만면의 미소를 띠는 자식들을 보지 못할 것'이다. 이런 만반의 대책으로 오디세우스 일행은 무사히 수로를 통과한다. 오디세우스가 세이렌들의 노래 소리에 거의 미칠 뻔했음은 말할 것도 없다.

인물탐색 스킬라와 카리브디스라는 두 난관을 무사히 통과하려면 오디세우스의 뛰어난 지도력이 요구된다. 오디세우스는 적절한 판단을 내려야 할 뿐만 아니라, 일이 잘 된다 해도 부하 여섯을 잃을 수밖에 없다는 사실을 염두에 두어야 한다. 그는 키르케의 충고에 따라 카리브디스 소용돌이를 피하고 머리가 여섯 개인 괴물 스킬라의 곁을 통과한다. 그의 본능에는 반하지만 배를 멈추지 않고 그냥 괴물의 공격을 받으면서 나아간다. 싸워봤자, 더 많은 희생이 따를 것이기 때문이다. 이 과정에서 그는 부하 여섯이 몸부림치며 죽어가는 모습을 본다. 그의 전 방랑기간을 통해 가장 가슴 저미는 경험이다.

오디세우스의 방랑에서 판단력에 대한 마지막 시련은 태양신 헬리오스의 섬 트리나키아에서 일어난다. 그는 티레시아스의 예언과 키르케의 경고를 통해 문제의 심각성을 알기 때문에 아예 그 섬을 그냥 지나쳐가려 하지만 부하들이 너무나 배고파하는데다 밤바다는 원래가 위험하다. 게다가 에우릴로쿠스가 선원들을 대변하고 나서서 섬에 상륙해 휴식을 취하면서 제대로 식사를 지어먹자고 간청한다. 배에 보급품이 충분하므로 부하들이 섬에서 약탈을 하거나 신성한 가축을 해칠 염려는 하지 않아도 된다는 것이다. 논쟁 끝에 지도력보다는 동정심이 발동한 오디세우스가 상륙하기로 물러선다.

오디세우스의 결정은 처음에는 자비로운 조치 같았다. 배에는 먹을 것과 마실 것이 풍부하다. 그러나 한 달 내내 선원들은 바람이 여의치 않아서 오도 가도 못하던 터다. 재고 보급품이 많기는 하지만 결코 무한하지 않다. 오디세우스는 섬에 상륙하자 신들의 도움을 기원한 후 이내 깊은 잠에 곯아떨어진다. 지난번 이타카에 다 와서 잠이 드는 바람에 부하들이 황소가죽 부대를 열어 온갖 역풍을 맞은 때와 똑같은 상황이다. 그때도 부하들이 지시를 어겼듯이 이번에도 일을 저지른다. 그들은 에우릴로쿠스의 주도 하에 태양신의 신성한 가축 중에서도 살찐 놈들만 골라 도살한다. 얄궂게도 포도주가 떨어져 물을 대신 제주로 올려 희생 제사 의식까지 치러가면서.

그러나 신들이 이 희생 제물을 받을 리가 없다. 제우스부터 화를 내지만 당장이 아니라 일주일 후 이들이 출발할 때까지 가만히 두고 본다. 출항 후 육지가 눈에서 사라지자 제우스는 무시무시한 폭풍우를 보내 배와 선원들을 모두 죽이고 오디세우스만 남겨놓는다. 오디세우스는 재빨리 돛대와 용골의 나무 조각을 주워 모아 뗏목을 만들어 타고 카리브디스의 소용돌이를 용케 피해 열흘 후 오기기아 섬에 도착한다. 그리고 다시 7년간 칼립소에게 억류된다.

마침내 이타카 | 충성스런 돼지치기

줄거리

오디세우스의 방랑 경험담이 일단락된다. 그 이후의 일은 파에아키아인들도 잘 아는 사실이다. 좌중에 한동안 침묵이 흐른다. 이윽고 알키노우스 왕이 입을 열어 오디세우스의 무사 귀향을 확신한다며 많은 선물을 주겠다고 고집한다. 오디세우스는 지금은 물론 다 잃어버리고 없지만 트로이 전쟁에서 받은 몫보다도 더 많은 보물을 가지고 이타카로 돌아가게 된다. 파에아키아인들은 풍습에 따라 여행자의 귀향길까지 돌보아준다. 이것을 불쾌히 여긴 포세이돈이 제우스에게 항의한다. 신들은 파에아키아인들에 대한 포세이돈의 앙갚음에 동의한다.

아테나는 이타카로 돌아온 오디세우스를 늙은 거지로 변장시켜 아무도 모르게 상황을 파악하도록 해준다. 그는 그의 충직한 돼지치기 에우마이우스를 만나 환대를 받는다. 그는 에우마이우스가 비록 자기를 못 알아보지만 주인에게 충성을 다하고 있음을 알자 기분이 좋아진다.

풀어보기

오디세우스가 방랑의 환상 세계에서 현실로 돌아오면서부터 이야기의 속도가 느려진다. 오디세우스가 마침내 이타

카로 돌아오는 것이다. 이 두 권은 역시 가장 중요한 주제인 환대와 충성심에 관해 이야기한다.

주제 탐색 이 부분에 관해서는 논쟁이 있다. 그것은 환대의 모범인 파에아키아인들이 친절과 관대함 때문에 신들의 처벌을 받게 생겼다는 사실이다. 포세이돈은 제우스에게 파에아키아인들이 오디세우스를 무사 귀향시켜주는 바람에 인간들로부터 수모를 당했으며 다른 신들 앞에서 얼굴을 들 수가 없게 되었다고 불평한다. 여기서 포세이돈은 파에아키아인들이 낯선 나그네에게 안전한 여행을 보장해 주었다고 벌하려 하지만, 호머 시대에 그런 배려는 보기 드문 미덕이라는 점에서 충돌이 일어난다. 그 상황은 제우스가 낯선 나그네와 탄원하는 자의 수호신이기 때문에 더 복잡해진다. 오디세이의 세계에서 동요하지 않는 한 가지 도덕 기준이 있다면 그것은 힘을 가진 제우스의 배려와 나그네, 방랑자, 거지의 복지다. 그런 제우스가 이번에는 등을 돌린다.

오디세우스가 방랑기를 시작하기 직전에 파에아키아 왕 알키노우스는 자기 아버지가 했던 염려스런 예언을 간단히 언급한다. 그 예언은 오디세우스를 태우고 고향으로 가는 배를 (거기에 탄 사람들과 함께) 침몰시켜버리겠다는 포세이돈의 맹세로 현실화된다. 포세이돈은 또 파에아키아 항구 주변에 '거대한 산을 쌓아올려' 이 평화롭고 바다에 익숙한 민족의 해양 생활에 종지부를 찍어주겠다고 맹세한다. 제우스는 한술 더 떠서 해변에서 보이는 그 배를 돌로 만들고 항구 주위에 산을 쌓으라고 제안한다.

파에아키아인들에게는 두 가지 빠져나갈 구멍이 있기는 하다. 하나는 포세이돈은 언제고 마음을 바꿀 수가 있다는 사실이다. 아버지의 예언에 대해 알키노우스는 바다의 신이 복수를 실행에 옮길 수도 있고, 혹시 '심경 변화를 일으켜' 보류할 수도 있으니 결국 신의 뜻에 맡길 수밖에 없다고 말한다. 파에아키아인들은 포세이돈이 배를 돌로 변하게 하자마자 항구를 영원히 폐쇄시키기 전에 달래보기로 결정한다. 알키노우스는 재빨리 방랑자의 귀환을 막기로 약속하고, 제일 잘난 황소 열두 마리를 희생 제물로 바치는 것이다.

문체탐색 또 다른 돌파구는 비잔티움의 고대 편집자 아리스토파네스가 처음으로 주장한 문서상의 해석이다. 그는 원문을 조금만 (그리스어의 세 글자만) 고치면, 제우스는 포세이돈에게 배를 돌로 만들라고는 했어도 항구를 폐쇄하라는 말은 하지 않은 게 된다. 사실 이렇게 해석하는 쪽이 이 서사시의 다른 부분들과 더 잘 어울릴 뿐만 아니라 제우스의 명성과도 합치되는 것으로 보인다. 그러나 불행하게도 우리는 실제로 일이 어떻게 진행되었는지 모른다. 호머는 파에아키아인들의 운명을 우리의 상상에 맡기고 있다.

이제 이타카로 돌아온 오디세우스는 보호가 필요하다. 파에아키아를 떠난 이후 거의 잠들어 있던 그는 깨어났을 때 그곳이 이타카인 줄도 알아보지 못한다. 아테나는 안개를 펼쳐 땅을 뒤덮어 아무도 모르게 오디세우스를 변장시키고 그가 싣고 온 보물을 감춰준다. 오디세우스는 늙은 거지 차림에 피부에는 주름살까지 지고, 머리에선 적황색 곱슬머리칼이 없어졌으며, 두 눈의 불꽃이 흐려졌다. 따라서 〈일리아드〉에서처럼 오디세우스는 거지로 행세하면서 정보를 수집한다.

주제탐색 오디세우스가 맨 먼저 만난 이타카인은 그의 돼지치기 에우마이우스이다. 그는 충성심과 환대의 표본과 같은 사람이다. 에우마이우스는 거듭해서 주인을 칭송한다. 거지가 오디세우스는 곧 돌아올 거라고 자신 있게 말하지만 그는 곧 이듣지 않고 주인이 이미 죽었을 것이라고 우기며 구혼자들을 경멸한다. 주인의 재산을 지키는 자의 입장에서 동네사람들이 자기가 기르는 돼지와 가축을 축내는 것에 특히 분개한다. 그는 이 나그네 거지에게 친절하게 대하고, 오디세우스는 이 돼지치기에게 각별한 만족감을 느낀다.

왕자, 귀국 길에 오르다 | 아버지와 아들

:줄거리

에우마이우스와 거지(오디세우스)가 대화를 계속할수록, 이 돼지치기는 완벽한 접대자이자 충직한 하인임이 분명해진다. 그는 자신의 삶을 이야기하면서 이타카에 오게 된 내력을 설명한다. 그동안 아테나는 텔레마코스가 구혼자들의 매복 공격을 피해 안전하게 돌아오도록 손을 쓴다. 그녀는 텔레마코스에게 이타카에 도착하는 즉시 돼지사육장으로 가라고 지시한다. 텔레마코스가 돼지사육장에 도착하자 에우마이우스는 페넬로페에게 가서 아들의 무사 귀환을 알린다. 이때 아테나는 오디세우스를 다시 한 번 예전의 건장하고 늠름한 모습으로 되돌려놓는다. 텔레마코스는 아버지를 대하는 순간 신을 본 듯이 놀란다. 오디세우스는 아들에게 정체를 밝힌다. 부자는 구혼자들을 물리칠 계획을 의논한다.

한편, 안티노우스 역시 계획을 세우고, 텔레마코스 왕자를 어떻게 암살할 것인지 동료 구혼자들과 이야기한다. 그러나 구혼자들 가운데 가장 예의바른 편에 속하는 암피노무스는 공격하기 전에 시간을 갖고 신들의 뜻을 알아보자며 반대한다. 그의 신중론이 받아들여져 텔레마코스 암살 기도를 늦추기로 한다. 페넬로페가 구혼자들에게 심하게 반발하자 에우리마쿠스가 나서서 진정시킨다.

다시 돼지사육장. 아테나는 오디세우스를 다시 늙은 거지로 변장시킨다. 그 거지가 누구인지 아는 사람은 텔레마코스뿐이다.

오디세우스와 에우마이우스는 친구 관계로 발전한다. 에우마이우스는 오디세우스에게 괜히 시내에 나갔다가 재수 없게 구혼자들을 만나지 말고 그냥 돼지사육장에 있으라고 권한다. 에우마이우스가 자신의 내력을 이야기할 정도이니, 두 사람의 유대가 상당히 발전했음을 쉽게 알 수 있다. 왕족인 그는 납치되었다가 오디세우스의 아버지 라에르테스에게 노예로 팔려 이타카로 오게 된 것이라고 밝힌다. 오디세우스는 이 충직스런 하인을 동정하고 감동하지만 노예 신분에서 해방시켜줄 생각은 없다. 뿐만 아니라 자신의 정체를 밝히지도 않는다. 그것은 아들에게 먼저 밝혀야 할 사안이다.

주제 탐색 오디세우스가 힘이 있고, 용감하고, 훌륭하지만 왕위를 되찾으려면 거의 모든 단계에서 아테나의 도움이 필요하다. 이 시점에서 아테나가 할 일은 텔레마코스를 구혼자들의 매복 공격 음모에서 벗어나게 한 다음, 돼지사육장으로 보내 오디세우스를 만나게 함으로써 부자가 합세해 복수할 수 있도록 하는 것이다. 아테나는 왕자가 음모자들이 매복한 해역을 피해 가도록 안내하고, 배에서 미리 내려 에우마이우스의 오두막으로 가라고 지시한다. 텔레마코스가 오두막에 도착하자, 에우마이우스는 페넬로페에게 가서 아들이 무사히 돌아왔다고 알린다. 오두막에는 부자만 남는다. 여기서 아테나는

또 한 번 변장술을 발휘해 오디세우스를 이전 모습으로 바꿔
놓는다. 그녀는 텔레마코스에게는 보이지 않지만 오디세우스
에게는 보이는 모습으로 언제, 어떻게 정체를 밝히라고 조언
한다.

인물 탐색 오디세우스는 거지 행색으로 구혼자 문제를 가지고 아
들을 나무란다. 어떻게 그자들을 참고 넘어갈 수 있느
냐고 묻는 것이다. 텔레마코스는 필로스와 스파르타 여행에
서 아버지의 소재에 관한 정보는 별로 얻지 못했지만 많이 성
숙해지고 이해력이 깊어졌다. 그는 거지의 나무람을 경청하고
자신의 가정을 유린한 그 악당들과 맞서야 한다는 말에 동의
한다. 아들에게서 복수 의지와 그것을 실행에 옮길 만한 능력
을 발견한 오디세우스가 정체를 밝힌다. 노련한 전사 오디세
우스는 적에 관한 확실한 정보를 수집한다. 첫 단계로 그는 텔
레마코스에게 구혼자들에 관해 묻는다.

　　왕자는 구혼자 집단은 108명의 귀족과 그에 딸린 하인
들, 그리고 한 명의 음유시인(메돈)으로 이루어져 있다고 설
명하고, 단둘이서 어떻게 그 많은 적을 이길 수 있냐고 반문한
다. 오디세우스는 아테나와 제우스를 믿는다고 대답한다. 그
믿음을 전제로 부자는 나름대로의 계획을 세운다. 텔레마코스
가 혼자 시내로 들어가 구혼자들과 어울리고, 거지로 변장한
오디세우스가 그 뒤를 따르기로 한다. 아버지와 아들은 구혼
자들이 아무리 늙은 거지를 푸대접하더라도 때가 올 때까지는

절대 반격하지 않기로 약속한다. 신호를 하면 아들은 무기를 모두 모아 창고에 넣어두기로 한다. 만일 누가 이의를 제기하면 장비 보호를 위해서라고 하면 의심을 사지 않을 것이다. 그리고 자기와 아버지가 쓸 무기만 남겨둔다.

가장 공격적인 구혼자는 안티노우스이다. 여론이 점차 왕자 쪽으로 기울자 그는 왕자가 지지 세력을 규합하기 전에 공격해 암살하고 싶어한다. 특히 안티노우스를 비롯한 구혼자들은 건방지고 교만해서 파멸하게 되어 있다. 그 방자한 구혼자는 텔레마코스를 살해한 직후 모든 재산과 토지를 몰수해 구혼자들끼리 분배한다는 오만한 계획을 갖고 있다. 궁전은 페넬로페와 당연히 그녀가 결혼하는 사람 몫으로 돌아가는데, 물론, 안티노우스는 그 사람이 자기일 것으로 믿고 있다.

구혼자들 가운데 오직 암피노무스만이 그래서는 안 된다고 말할 용기를 가졌다. 그는 그들 중에서 가장 예의바른 편이고 상식과 세련미를 갖춰 페넬로페도 호감을 느끼고 있다. 암피노무스는 귀족을 죽이는 것은 비열한 행위이므로 신들이 어떻게 볼지 걱정스러우니 당분간 암살을 미뤄야 한다고 지적한다. 대부분 겁쟁이인 나머지 구혼자들은 그 제안에 기꺼이 찬성한다. 지지를 받지 못한 안티노우스도 따르는 수밖에 도리가 없다.

안티노우스, 에우리마쿠스, 암피노무스의 연설은 각기 그들의 성격을 드러낸다. 페넬로페가 구혼자들에게 왜 자기

아들을 죽이려 하느냐고 대들자 에우리마쿠스는 상투적인 수법으로 상황을 무마하려 든다. 그는 사기꾼이고 거짓말쟁이에다가 자신이 실제보다 훨씬 영리하다고 생각하는 자다. 그는 '당신 아들이 내게는 누구보다도 소중한 사람'이라고 말하지만 페넬로페는 곧이듣지 않는다. 그날 밤 그녀는 오디세우스를 그리워하며 울다가 잠이 든다. 남편이 가까이 있다는 사실은 꿈에도 모르는 것이다.

제 17 권

성문 앞 나그네

:줄거리

다음날 아침, 오디세우스는 에우마이우스와 함께 시내로 간다. 에우마이우스는 아직도 거지와 동행한다고 생각하고 있다. 그들보다 앞서 떠난 텔레마코스는 궁전에 도착해 어머니에게 그동안의 여행 이야기를 들려준다. 모자 곁에 있던 예언자 테오클리메노스가 페넬로페에게 오디세우스가 지금 이타카에서 정보를 수집하고 있다고 말한다. 왕비는 그 말을 믿고 싶지만 도저히 믿을 수가 없다.

시내로 가는 길에 오디세우스와 돼지치기는 약자를 괴롭히는 깡패 염소치기 멜란티우스와 만나지만 싸움을 피한다. 여기서 그 유명한 가슴 아픈 장면, 오디세우스와 그의 늙어 죽어가는 개 아르고스의 해후가 나온다. 그들은 조용히 서로를 알아본다. 연회실에서 안티노우스는 남루한 거지를 괴롭히고, 발걸이 의자를 던지기까지 한다. 왕과 왕자는 치미는 분노를 누르면서 복수를 뒤로 미룬다.

:풀어보기

 여기서는 주로 주인공의 판단력과 신중함이라는 두 가지 성격이 전개된다. 텔레마코스는 어머니를 방문했을 때, 사실을 알리고 싶지만 아버지가 돌아왔다는 말은 끝내 하지 않는다. 그저 스파르타 왕 메넬라오스에게서 들은 대로 아버지가 칼립소의 섬에 억류되어 있다는 희망적인 소식만 전한다. 그리고 왕이 살아 있으며 지금 이타카에 있다는 테오클리메노스의 예언으로 어머니를 위로한다. 텔레마코스는 아버지가 지금 이타카에서 복수를 준비중이란 사실을 어머니에게조차 숨길 정도로 신중하다. 여러 해 동안 각종 소문이나 예언에 휘둘린 페넬로페는 테오클리메노스의 예언을 믿고 싶지만, 신중을 기해 섣부르게 믿으려 하지 않는다.

오디세우스 역시 몇몇 상황에서 신중함을 발휘한다. 시내로 들어가는 길에 그와 에우마이우스는 멜란티우스와 조우한다. 멜란티우스는 오디세우스가 고용했던 염소치기로서 지금은 약자를 괴롭히는 악당이 되어 있다. 이 불한당은 두 사람에게 폭언을 퍼붓고, 오디세우스에게 발길질까지 한다. 오디세우스는 이 촌놈의 머리를 바위에 쳐서 박살내고 싶지만 참는다. 에우마이우스가 나서서 거지 오디세우스를 지켜준다. 이 충직한 돼지치기는 멜란티우스의 대조인물이다. 한 사람은 사려 깊고 친절하고 세련되고 충직한데, 다른 한 사람은 잔인하고 무례하며 구혼자들과 유사하다. 오디세우스는 현명한 판단을 내려 멜란티우스를 즉석에서 처치하지 않고 참는다.

이 대치에 이어서 또 한 차례 큰 인내를 요하는 미묘한 상황이 벌어진다. 궁전으로 다가가던 오디세우스와 돼지치기

는 '아무도 돌보지 않아 반쯤은 죽은' 늙고 온몸에 진드기투성이인 불쌍한 개가 두엄더미에 누워 있는 광경을 본다. 20여 년전 강아지 때 오디세우스가 데려다 키우던 아르고스이다. 개는 주인을 알아보고 꼬리를 흔들면서도 너무나 힘이 없어 다가가질 못한다. 오디세우스 역시 개를 알아보지만 아는 티를 내서는 안 되는 상황이다. 개가 죽자 그는 눈물을 감추기 위해 고개를 돌린다.

궁전 안 넓은 홀에서 오디세우스는 더욱더 많은 판단력과 신중함과 자제력이 필요해진다. 그곳에서는 구혼자들이 오디세우스의 양과 돼지, 살찐 염소, 소 가운데 가장 좋은 놈들로 요리를 해놓고 흥청대고 있다. 아테나(이 장면 내내 곁에 있음)의 도움을 받은 텔레마코스는 거지가 젊은 귀족들을 한 바퀴 돌며 구걸할 기회를 마련해 준다. 구혼자들은 대부분 찌꺼기든 부스러기든 뭔가를 적선하지만 무례한 염소치기를 연상시키는 안티노우스는 에우마이우스에게 욕설을 퍼붓고, 이런 경멸스런 거렁뱅이를 데려와서 식사를 잡쳐놓았다고 빈정대며 나무란다. 에우마이우스는 안티노우스에게 말대꾸를 했다가 목숨이 위태로워지지만 텔레마코스가 나서서 무마시키고 대화를 자기 쪽으로 돌린다.

문체 탐색 사실 이 음식들은 오디세우스 것이다. 그는 마음이 흔들렸지만 거지 신분을 지켜 안티노우스에게 '부스러기'를 구걸한다. 이 '부스러기'란 말은 이중적 의미를 가진다. 겉으로는 그를 높이는 것 같지만 '부스러기'나 먹는 안티노우스라는 모욕의 뜻이 담겨 있다. 이어서, 그는 안티노우스가 궁정에 와 있는 이유를 암암리에 추궁하는 한 마디를 던진다. "당신이 왕 같아 보이십니다 그려." 오디세우스가 신랄한 말을 계속하자, 화가 치밀어 오른 안티노우스는 거지에게 발걸이 의자를 집어던진다.

오디세우스는 안티노우스에게 '신부를 맞이하기 전에 죽음을 맞기' 바란다는 말로 제22권의 결말을 슬쩍 내비치기는 해도 반격하지는 않는다. 신중함이 이긴 것이다. 특히 텔레마코스는 아버지가 그런 대우를 받는 것이 참기 어려웠지만 용케도 이들 부자는 당장에 폭력으로 대응하지는 않는다. 잔치는 다시 계속되고, 안티노우스는 오만방자함으로 인해 운명을 결정짓고 말았다. 구혼자들에게는 속죄할 기회가 주어지겠지만, 이 광경을 본 아테나는 이미 그들을 모두 죽이기로 결정 내린 상태다.

거지 오디세우스를 본 페넬로페가 에우마이우스에게 누구냐고 캐묻는다. 돼지치기는 사흘간 겪어본 이 방문자가 얼마나 훌륭한 사람인지 이야기한다. 페넬로페는 그 거지에게 이야기를 나누자고 하지만 오디세우스는 구혼자들이 또 행패를 부릴까봐 걱정된다는 핑계를 대고 그녀와의 대면을 다음 기회로 미룬다.

제17권부터는 위협적이고도 불길한 분위기 속에서 이야기가 진행된다. 오디세우스가 궁전에 도착하고 나서부터 제22권의 결말부분까지 긴장이 점점 고조된다. 길가의 염소치기처럼 구혼자들은 오만함으로 불운을 자초한다. 예를 들어, 암피노무스 같은 자들은 특별히 잘못한 것은 없지만 불한당들을 묵인한 공범으로서의 책임이 있다. 그들은 떠날 기회가 주어져도 그대로 남는다. 그것으로 아테나는 충분히 기회를 준 셈이다. 구혼자들에게 최후의 시간이 빠르게 다가오고 있다.

제 18 권

이타카의 거지 왕

저녁이 밤으로 바뀔 즈음 이루스라는 또 한 명의 방랑자가 찾아온다. 그는 풍채 좋은 익살꾼으로 구혼자들에게 귀염을 받는다. 안티노우스의 부추김을 받은 그는 거지 오디세우스와 싸움을 벌이지만 이내 후회한다. 긴장이 고조되자 오디세우스는 구혼자들 가운데 가장 점잖은 암피노무스에게 환난이 다가오니 떠나라고 경고하지만 사태를 깨닫지 못한다.

오디세우스와의 재회에 앞서 아테나는 페넬로페를 더욱 예쁘게 치장시킨다. 페넬로페는 싸움을 허락해 거지 손님을 위험에 빠뜨린 아들을 나무란다.

오디세우스는 페넬로페의 시녀 멜란토가 왕비 모시는 일을 게을리하자 나무란다. 이 염치없는 처녀는 에우리마쿠스와 불륜을 갖고 있다. 오디세우스와 에우리마쿠스는 설전을 벌인다.

: 풀어보기

문학적
장치
일부 비평가들은 오디세우스와 이루스의 싸움을 분위기 전환용이라고 보지만 파괴적인 구혼자 무리 외에는 누구도 이 장면을 재미나게 생각하지 않을 것이다. 풍채가 좋고 익살스럽다고 하지만 이루스는 비극적인 인물이다. 그의 성격은 안티노우스를 반영한다. 그 둘은 모두 거만하고 약자를 괴롭히지만 힘, 권위, 정보를 가진 안티노우스가 더 위험하다. 이루스는 기껏해야 구혼자 무리의 하인 정도에 불과한 흉내꾼이자 형편없는 농담이나 지껄이는 사이비 음유시인이다. 이 늙은 광대는 오디세우스를 괴롭히지만 오디세우스는 그를 해치고 싶지 않다. 오디세우스가 그의 턱을 부러뜨린 것도 의도적이 아니라 반사적인 행위다. 오디세우스는 격투에서 힘을 과시함으로써 구혼자 집단과의 싸움에서 거둘 승리를 슬며시 암시한다.

이 시점에서 아테나는 오디세우스보다 더 철저한 복수를 계획한다. 오디세우스는 구혼자들 가운데 유일하게 페넬로페가 호감을 갖는 암피노무스에게 특히 신경을 쓴다. 그는 암피노무스에게 복수심에 불타는 페넬로페의 남편이 '바로 코앞에' 와 있으니 나갈 수 있을 때 나가라고 설득하지만 실패한다.

주제 탐색 오디세우스가 페넬로페를 소홀하게 섬기는 시녀 멜란토를 나무라면서 충성심이란 주제가 다시 한 번 등장한다. 멜란토는 밤이면 에우리마쿠스와 동침한다. 사근사근한 에우리마쿠스는 거지 오디세우스가 맞서자 자제력을 잃고 발걸이 의자를 집어던지지만 애꿎은 포도주 시중꾼이 얻어맞는다. 분위기가 험악해지자, 텔레마코스는 암피노무스의 동조를 받아 만찬을 끝낸다.

제 19 권

페넬로페와 그녀의 손님

:줄거리

밤이 오자 구혼자들이 숙소로 돌아간다. 오디세우스는 텔레마코스에게 무기들을 모아 다음날 구혼자들이 쉽게 찾아낼 수 없는 곳에 감추라고 지시한다. 에우리마쿠스와 잠자리를 같이하는 불충한 하녀 멜란토는 거지 오디세우스와 또 한 번 대치한다.

드디어 페넬로페와 만난 오디세우스가 그녀의 남편을 잘 안다며 증거를 대자 페넬로페는 그의 정체에 의심을 품는다. 늙은 시녀 에우리클레이아가 이 손님의 목욕시중을 들게 된다. 어렸을 때 오디세우스를 키웠던 그녀는 그저 순진하게 왕과 많이 닮았다고 말하다가 무릎 흉터를 발견하고는 깜짝 놀란다. 그가 어렸을 때 멧돼지 이빨에 받혀 생긴 흉터였기 때문이다. 그녀는 자기도 모르게 주인을 목욕시키고 있었던 것이다. 오디세우스는 즉시 그녀에게 입을 다물도록 맹세시키고, 페넬로페에게조차도 정체를 밝히지 말라고 엄숙히 지시한다.

목욕이 끝난 후 거지 오디세우스를 다시 만난 페넬로페는 이제 더 이상 버틸 수가 없다며, 다음날 시합을 열어 남편을 선택함으로써 구혼자들의 요구를 들어주겠다고 털어놓는다. 그 시합에는 과거에 오디세우스만이 해냈던 묘기가 들어 있다. 그 묘기란 오디세우스의 거대한 활을 당겨 늘어놓은 도끼 12개의 자루구멍을 단번에 통과시키는 것이다. 오디세우스는 그녀의 계획에 열렬히 찬성한다.

인물 탐색 　제19권은 주로 오디세우스의 정체에 관한 대목이다.
학자들은 페넬로페가 얼마나 알고 있는지에 관해 논쟁
이 치열하다. 표면상으로, 그녀는 거지 오디세우스를 그저 나
그네로 보는 듯하다. 물론, 남들보다 관심을 가지고 보긴 하지
만 자기에게 아주 중요한 인물로는 보지 않는 것이 사실이다.
거지가 거듭해서 남편의 귀향이 임박했다고 말해도 그녀는 여

전히 믿지 않는다. 그러나 내면적으로는 이 방랑자의 정체에 관해 최소한 몇 가지 정도 혹시 남편이 아닐까 하는 의문을 품은 듯한 징후들을 볼 수 있다.

페넬로페는 거지 오디세우스를 마지막으로 만나는 장면에서 대화를 이끌어나간다. 그녀는 거지에게 구혼자들을 물리치려고 얼마나 노력했는지를 이해시키려고 한다. 먼저, 아들이 어리다는 핑계를 댔고, 3년 동안은 슬프지만 어쩔 수 없이 찾아오는 죽음에 대비해 시아버지 라에르테스의 수의를 구실로 삼았다. 낮에는 구혼자들의 눈에 보이는 위치에 베틀을 놓고 수의를 짰으며, 밤이 되면 그날 짠 부분을 풀어헤쳤다. 한 시녀가 구혼자들에게 이 사실을 고자질하기 전까지는 이 작전이 성공했다. 이 사실은 오디세우스가 제22권에서 종복들에 대한 판단을 내릴 때 영향을 미친다.

이 정도로 자기 사정을 얘기한 페넬로페가 방문객의 신상에 관해 묻는다. 오디세우스는 그녀의 남편과 친구 사이라는 등의 꾸며낸 이야기를 들려준다. 페넬로페는 남편의 옷차림이나 교우관계에 관한 특정 질문을 던져 그 거지의 말이 정말인지 시험해 본다. 거지 오디세우스는 보라색 모직 망토며, 사냥개가 사슴을 물고 있는 장식의 황금 버클, 오디세우스의 심부름꾼 에우리바테스를 언급하고, 끝으로 이 달이 지고 새 달이 뜰 때 남편이 돌아올 것이라고 예언한다. (비평가들은 이 대목을 죽음과 새로운 탄생에 관한 몇 가지 언급 가운데 하나로 본다. 다른 예로는 오디세우스의 죽은 자의 나라로부터의 귀환, 벌거벗은 채 흙투성이로 파에아키아 해변에 상륙한 것, 이타카 귀향 등을 들 수 있다.) 오디세우스의 대답이 맞아떨어지자, 페넬로페는 잠시 아름다운 의문에 빠진다. "오디세우스. 그런 분이 정말 계셨었나, 아니면 꿈이었나?"

페넬로페가 최소한 그 나그네를 혹시 남편이 아닌가 하는 의심 정도는 했다는 주장을 뒷받침하는 가장 강력한 근거는 유모 에우리클레이아에게 손님을 목욕시키라고 하는 데서 시작된다. 그녀는 유모에게, '와서 네 주인님과… 나이가 같은 분을 씻겨드리라'고 말한다. 아마, 페넬로페는 네 주인님의 발을 씻기라고 하려다가 생각을 고쳐, 주인과 나이가 같은 분으로 바꾼 것 같다. 반면, 어린 시절에 오디세우스를 돌보았던 유모는 무릎 흉터를 보고 이내 그 거지 나그네가 주인임을 알아본다.

문체탐색 페넬로페가 거지 나그네의 정체를 알았으리라는 가정을 뒷받침하는 또 하나의 근거는 목욕 후에 두 사람이 눈에 띄게 친근해졌다는 사실이다. 그녀는 그에게, 독수리가 날아와 그녀의 거위들을 쪼아 죽이고 인간 목소리로 자기가 남편이며 거위들은 구혼자들이란 말을 했다는 꿈 이야기를 들려주고, 그 꿈이 상아의 문에서 나온 것인지(헛된 꿈), 뿔의 문에서 나온 것인지(실제로 이루어지거나 예언적인 꿈) 궁금하다고 말한다.

그러나 뭐니 뭐니 해도 가장 흥미로운 것은 그녀가 새 남편을 고르는 방법으로 채택한 시합 내용이다. 다음날 시합에서 누가 오디세우스의 거대한 활을 쏘아 일렬로 세워놓은 12개의 도끼에 난 자루구멍을 깨끗이 통과시키는지 보겠다는 것이다. 과거에 오디세우스만이 그 묘기를 해냈다는 것을 감안하면 분명 우연이라고 할 수 없다.

제 20 권

몰려오는 조짐들

오디세우스는 임박한 전투 걱정으로 밤잠을 못 이룬다. 그는 밤이 되자 시녀들 중 상당수가 몰래 왕궁을 빠져나가 구혼자들과 만나 즐기는 것을 알아차리고 속으로 격노한다. 이때 갑자기 아테나가 나타나 복수의 승리를 확신시켜준다. 새벽녘, 그는 가까운 페넬로페의 방에서 남편과 재결합이 안 되면 죽음을 달라는 그녀의 기도 소리를 듣는다. 그는 그녀가 자기를 알아보고 마침내 하나가 되는 순간을 상상한다. 오디세우스가 제우스에게 지지의 표지를 보내달라고 기도하자 천둥소리가 들려온다.

이날은 이타카 전국이 공휴일로 활쏘기의 신 아폴로에게 영광을 드리는 축제일이다. 축제일을 맞아 시내에 나온 멜란티우스가 오디세우스를 만나 또 못살게 군다. 돼지치기 에우마이우스와 소치기 필로이티우스는 계속 충성을 바쳐 주인으로부터 점수를 딴다. 구혼자들은 텔레마코스 암살 음모 논의를 재개하여 못된 짓을 계속한다. 패거리 중의 하나인 크테시푸스가 거지 오디세우스를 흉보고 황소 발굽을 집어던진다. 참다못한 텔레마코스가 나서서 그들의 잘못을 열거하며 호되게 질책한다. 예언자 테오클리메노스가 그들에게 흉조로서 마지막 경고 가운데 하나를 들려준다. 하지만 그들 패거리는 오만하게 비웃음으로 대꾸할 뿐이다.

　　결전의 순간이 다가올수록 분위기는 점점 험악해진다. 구혼자들에게 흉조가 계속 나타난다. 구혼자들은 몰려오는 폭풍의 조짐을 눈치 채지 못하고 아무 일 없다는 듯이 여전히 경솔하게 굴지만 오디세우스는 그래도 불안해 한다.

주제 탐색　호머는 이 권의 대부분을 시녀들과 구혼자들의 못된 행위들을 수집하는 데 쓰고 있다. 오디세우스는 시녀들이 밤중에 시시덕거리며 정부를 만나러 궁전을 빠져나가는 소리를 듣게 되고, 특히 시녀들이 구혼자들과 벌이는 불륜에 격노한다. 페넬로페에 대한 불충이기 때문이다. 염소치기 멜란티우스는 오디세우스가 에우마이우스와 함께 처음 시내로 들어갈 때, 거지 오디세우스를 괴롭힌 적이 있다. 그가 또다시 이 나그네를 괴롭힌다. 구혼자들은 전과 다름없이 오만한 태도로 일관한다. 이에 뒤질세라 크테시푸스는 이 변장한 왕을 모욕하면서 황소 발굽을 던진다. 텔레마코스는 과감하게 구혼자들을 질책하고 무례를 열거한다. 아버지와 함께 있다는 인식 때문이기도 하겠지만, 이 대목은 그가 이 서사시 첫머리에서와는 달리 성숙하고 강력한 왕자가 되어 있음을 보여준다. 이제야 비로소 자신의 진정한 첫 번째 전투를 치를 준비가 갖춰진 것이다. 이처럼 구혼자들의 비행을 상세히 열거하는 것은 곧 펼쳐질 무자비한 복수를 정당화하기 위함이다.

전투 준비에 신들의 개입이 빠질 수 없다. 아테나는 밤 중에 오디세우스를 찾아와 설사 '50명의 인간 싸움패' 와 맞서더라도 이길 것을 보장해 주고, 제우스는 오디세우스 의 요청에 응해 웅장한 우레 소리를 보낸다. 페넬로페 또한 신 들의 도움을 빌며 남편과 함께하지 못할 거라면 차라리 죽게 해달라고 호소한다. 마침내 페넬로페는 궁수 아폴로 신의 축 제일을 택해 궁술시합을 열기로 한다. 이 경기는 궁수들에게 적절하기도 하거니와, 오디세우스가 의도하고 있는 사건, 즉 죽음을 운반하는 아폴로의 화살을 쏘기에도 딱 들어맞는다.

구혼자들은 개인별로는 물론 집단적으로도 거듭 경고 를 받지만 그들의 반응은 경고자의 말을 흉내 내는 희롱에 그 칠 뿐이다. 그러니 이제는 명분이 충분하다. 결과적으로 그들 은 불리한 명분을 스스로 만든 것이고, 신들은 그 침입자들에 게 저주를 내린다. 정의가 마치 무서운 폭풍처럼 내리 닥칠 기 세다.

제21권

오디세우스, 활시위를 당기다

: 줄거리

시합을 선언한 페넬로페는 궁중 깊은 곳 비밀 창고에 보관하던 오디세우스의 거대한 활을 가져오게 한다. 텔레마코스가 장난삼아 시위를 당겨보지만 세 번이나 실패하고 네 번째 성공하려는 순간 오디세우스가 그만두라고 은밀하게 신호를 보낸다. 정식 시합이 시작된다. 구혼자들이 차례로 나서서 활쏘기를 시도하지만 모조리 실패한다. 그동안 오디세우스는 충직한 하인 에우마이우스와 필로이티우스를 시합장 밖으로 데리고 나가 정체를 밝힌 다음, 거사를 도우라고 명한다.

한편, 구혼자들은 활을 쏘아보려고 애를 쓰지만 소용이 없다. 안티노우스가 시합을 다음날로 연기하자고 제안하자, 오디세우스가 한 번 쏘아보게 해달라고 청한다. 페넬로페가 나서서 강력하게 지지한다. 오디세우스는 손쉽게 시위를 당겨 단발에 화살을 쏘아 도끼 12개의 구멍을 통과시키고는 텔레마코스와 함께 구혼자들을 상대로 전투를 시작한다.

: 풀어보기

 페넬로페가 군이 오디세우스가 아니면 할 수 없는 무술 시합을 택했다는 것은 그녀가 거지의 정체를 짐작하면

서도 의문을 가졌다는 증거라고 할 수 있다. 활을 쏘아볼 비공식 기회를 달라는 거지의 제안을 안티노우스가 반대하고, 즉각 페넬로페가 그 반대를 일축한다. 혹시라도 그 거지가 결혼을 요구하는 상황이 생길지도 모른다는 것은 생각조차 못하고 그저 단순한 호의로 기회를 주라고 했을 수도 있다. 물론, 거지가 페넬로페에게 신부가 되어달라고 요구할 상황은 생길 수가 없다. 오디세우스는 이미 그녀의 남편이기 때문이다.

오랜 세월 학자들은 그 시합 자체를 면밀하게 연구했다. 가장 논쟁이 되는 부분은 열두 개의 도끼구멍을 화살 하나로 꿰뚫는다는 것이 실제로 무엇을 뜻하느냐 하는 문제였다. 페이글스와 녹스는 이런 답을 내놓았다. 도끼에는 자루가 있다. 이 손잡이 자루 끝에는 아마도 벽에 박힌 못에 도끼를 걸어놓기 쉽도록 둥근 고리가 달려 있었을 것이다. 여기서 말하는 구멍이란 바로 그 고리 구멍을 말하는 것이다. 열두 개를 한꺼번에 관통하기는 놀랍기는 해도 가능한 묘기다. 그리고 그때 오디세우스는 의자에 앉아 있기 때문에 그런 활쏘기에 딱 맞는 높이다.

문학적 장치 ▸ 이 대목에서는 몇 가지 신비스러운 모티프들이 나온다. 가장 눈에 띄는 것은 오직 영웅만이 다룰 수 있는 무기가 연관된 시합이다. 예를 들어, 〈베어울프〉에서 영웅 베어울프는 적 그렌델의 어머니를 룬 문자*가 새겨진 신비스런 검으로 때려눕힌다. 아서 왕의 전설에서는 오직 아서, 즉 진정한 왕만이 엑스칼리버 검을 돌에서 빼낼 수 있다. 앞의 두 신비스런 모티프에 비해 〈오디세이〉에서는 신비나 마술보다는 능숙한 기술과 물리적 힘이 필요하다는 점이 다르다. 그러나 영웅이 변장하고 참가하는 점, 신부를 쟁취하기 위한 시합이라는 점, 무뢰한들에 대한 복수라는 점, 계승자가 어른이 되어가는 점, 왕이 왕권을 되찾는 점 등의 모티프들은 모두 같다.

인물탐색 ▶ 시합에서 텔레마코스의 역할은 보조적이지만 매우 중요하다. 그가 활시위를 당겨보는 장면은 아직 오디세우스로부터 왕위를 계승할 준비가 덜 되어 있지만, 오디세우스의 운명적 상속인임을 상징한다. 몇몇 평론가들은 오디세우스가 활을 쏘려 할 때 텔레마코스가 어머니를 처소로 보낸 행위를 부당한 무례라고 하고, 또 어떤 이들은 화가 나서 그랬다고 주장한다. 그러나 양쪽 다 아니다. 텔레마코스는 두 가지 중요한 과제를 수행한 것이다. 하나는 가족 내에서 자신의 지위를 주장한 것이고, 또 하나는 어머니를 위험에서 피신시킨 것이다. 페넬로페는 거지가 남편이라는 사실을 모를 수도 있다. 그러나 텔레마코스는 전투가 필연적으로 일어날 것이고 왕의 편에 서서 싸워야 하는 것을 알고 있다.

---

* **룬 문자**(rune): 옛날 북유럽 민족이 쓴 문자. 신비스런 기호.

시합장면의 줄거리는 매우 효과적이다. 먼저 페넬로페
가 자기 구상을 이야기하고, 구혼자들은 얼결에 이것을
받아들인다. 그러나 곧 안티노우스는 위협을 느낀다. 그는 아
랫사람들인 에우마이우스와 필로이티우스를 나무란다. 그것
은 현재의 곤경을 벗어나는 안전한 방법이다. 그리고는 위선
자답게 오디세우스를 찬양한다. 이제까지는 오디세우스를 흉
보고 그의 지위를 가로채려고 했던 그가 아닌가. 이 대목의 목
적은 단지 줄거리 전개에만 있는 게 아니다. 여기서 독자는 호
머가 영화감독처럼 배열한 사건들 덕분에 시선을 이동하면서
각 등장인물을 깊이 이해할 수 있다.

호머는 시합이 진행되도록 해놓고 나서 독자들을 시합
장 밖으로 데리고 나온다. 그곳에서 오디세우스는 신분을 밝
히면서 그 증거로 충성스런 부하 에우마이우스와 필로이티우
스에게 그 유명한 흉터를 보여주고는 에우마이우스에게는 시
녀들을 밖으로 불러 모으라 하고, 필로이티우스에게는 궁정의
바깥문을 잠그라고 명령한다. 이 시합장 밖 장면을 통해 오디
세우스는 부하들에게 지시를 내릴 수 있고, 독자들은 수많은
구혼자들이 활을 당기다 실패하는 꼴을 일일이 봐야 하는 지
루함을 피할 수 있다.

안티노우스의 시합 연기 요구로 고조되던 열기가 식으
려 할 때, 오디세우스가 활을 당겨볼 기회를 달라고 나
서며 분위기를 되살린다. 안티노우스는 즉각 반대하고, 페넬

로페는 찬성한다. 텔레마코스가 끼어들어 어머니를 거든다. 이처럼 스타카토 박자로 등장인물들의 발언이 빠르게 이어지다가, 오디세우스가 속도를 늦춘다. 장난감 다루듯 천천히 활을 당기는 모습은 보는 이들을 애타게 만든다. 당기다가… 당기다가… 별 거 아니라는 듯이 가볍게 화살을 놓아 도끼 구멍들을 명중시킨다. 제우스는 천둥소리로 이 행위를 강조한다. 그 소리는 뭔가 아주 중요한 일이 끝났음을 알림과 동시에 훨씬 더 중요한 어떤 일이 일어날 조짐을 암시하려는 듯하다.

궁정의 대학살

:줄거리

남루한 옷가지를 벗어 던진 오디세우스는 아폴로 신에게 간단한 기도를 올린 후 용감하게 홀 문턱으로 달려나가 새로운 표적 안티노우스의 목을 향해 화살을 날린다. 그리고는 구혼자들에게 자기가 하려는 일을 분명하게 선언한다. 위험을 깨달은 에우리마쿠스는 곤경을 벗어나기 위해 그동안 오디세우스가 입은 손해를 모두 배상하겠다고 제안한다. 거지 왕은 받아들이지 않는다. 그제서야 에우리마쿠스가 동료들에게 무장을 재촉하지만 무기라곤 지금 몸에 지니고 있는 것이 전부고, 물론 갑옷도 없다. 이번에는 오디세우스의 화살이 에우리마쿠스의 가슴과 간을 찢어놓는다. 암피노무스가 반격을 시도하지만 텔레마코스에게 살해된다. 전투는 계속된다.

며칠 사이 두 번씩이나 오디세우스를 괴롭혔던 멜란티우스가 급한 대로 창고에서 구혼자들의 갑옷과 무기를 몇 벌 꺼내온다. 또 한 차례 창고로 갔던 그를 에우마이우스와 필로이티우스가 잡아 매달아둔다. 오디세우스가 급한 일을 끝낸 후에 손볼 것이다. 아테나의 개입과 격려로 오디세우스는 승리를 거둔다. 구혼자들은 전원 피살되었다. 이어서 사내 몇 명과 시녀 십여 명을 처형한다.

오디세우스의 판단력과 조심성이 마침내 빛을 발한다. 자제력이 뛰어나고 탁월한 군지휘관인 그는 상황을 면밀히 분석하고 효과적인 계획을 세워 적시에 행동으로 옮긴다. 그는 구혼자들이 왕의 귀환으로 위험에 처했다는 사실을 깨닫기도 전에 가장 공격적이고 주도적인 안티노우스를 해치운다. 지도자가 죽자 구혼자 패거리는 혼란에 빠진다.

에우리마쿠스는 늘 그렇듯이 언변으로 상황을 벗어나려 한다. 모든 것은 안티노우스의 잘못이고 나머지 사람들은 그저 통제에 따랐을 뿐이니, 이제는 돌아온 왕을 섬기겠노라는 것이다. 그리고 세금을 거둬 그동안 진 빚을 모두 갚겠으며, 그와 다른 구혼자들이 많은 재산도 내놓도록 하겠다고 덧붙인다. 그러나 오디세우스는 오로지 한 종류의 배상에만 관심이 있다. 싸우거나 죽는 수밖에 없다는 것을 깨달은 에우리마쿠스는 동료들에게 무기를 들라고 외친다. 그가 공세를 취하려는 순간 왕의 화살이 가슴을 뚫고 간으로 파고든다.

상대적인 선(善)도 죽어야 했다. 암피노무스가 달려든다. 한때는 왕비의 호감도 샀고 오디세우스가 떠나도록 설득하기도 했던 인물이지만, 그마저도 텔레마코스의 칼에 목숨을 잃는다.

오디세우스의 군사적 식견 덕택에, 초기 전투는 오디세

우스에게 유리하게 돌아간다. 기습공격에 성공했고, 적의 퇴로를 차단했으며, 지도자를 제거함으로써 적을 혼란에 빠뜨렸다. 텔레마코스는 왕과 자신, 그리고 두 충복을 무장시켰다. 구혼자들은 현재 지니고 있는 것이 무장의 전부였다. 못된 염소치기 멜란티우스 때문에 일시적으로 상황이 꼬인다. 궁전의 구조를 잘 아는 그는 텔레마코스가 깜빡 실수로 창고 문을 열어놓은 틈을 타서 창과 갑옷 12벌을 가져온다. 오디세우스는 한순간 위험을 느끼지만 당황하지 않는다. 그의 충성스런 두 부하가 두 번째로 무기를 가지러 간 멜란티우스를 붙잡아 대들보에 매달아놓는다.

이 같은 결정적인 순간에 오디세우스가 걱정에 휩싸이자 아테나가 멘토르의 모습으로 나타난다. 왕은 수호자인 여신이 함께함을 깨닫는다. 그의 상대가 트로이 병사들이 아니라는 것을 아테나가 상기시키자 오디세우스는 비로소 용기를 되찾는다. 이 자들은 그저 오합지졸일 뿐이다. 새로운 힘이 샘솟은 그는 다시 그들과 싸운다. 이어진 전투는 소치기 필로이티우스가 거지 오디세우스에게 소 발굽을 던졌던 악당 크테시푸스의 가슴을 창으로 찔러 죽임으로써 절정에 이른다. 왕의 충성스런 하인이 왕에게 비열한 행위를 한 자에게 빚을 갚은 것이다.

오디세우스는 혹독하게 처형했지만 전혀 자비를 베풀지 않은 것은 아니었다. 레오데스가 구혼자들 가운데 유일한 사제라며 애원한다. 오디세우스는 그가 페넬로페를 얻기 위한 활쏘기 시합에서 제일 먼저 활을 쏘려고 나섰던 자임을 이미 알고 있다. 오디세우스가 단칼에 목을 베자 머리가 흙바닥 위에 떨어진다. 그러나 텔레마코스의 권유로 음유시인 페미우스와 예언자 테오클리투스의 목숨은 살려준다.

이제 오디세우스에게 남은 일은 몇 가지 '집안 허드렛일'뿐이다. 그는 에우리클레이아에게 불충스런 시녀들을 골라내라고 명령한다. 십여 명이 뽑혀 대연회장에 낭자한 핏자국들을 말끔히 청소한 후 궁정 마당으로 불려나가 교수된다. 이 시녀들은 잠시 땅을 차보지만, 오래가지는 못한다. 그 다음은 멜란티우스. 시내로 가는 길가에서 오디세우스를 괴롭혔고 궁정에서는 모욕했던 이 염소치기가 궁정 마당에 끌려나온다. 먼저 그의 코와 귀를 자른 다음 사타구니에서 남근을 베어 개에게 먹이고 이어서 손과 다리를 절단한다.

문체탐색 이 권에서의 전투와 처형의 상세한 묘사는 특히 효과적이고 생생하며 완벽하다. 안티노우스와 에우리마쿠스의 죽음에 대한 설명은 이 전투에 비장한 기조를 깔아놓는다. 호머는 시녀들의 죽음을 '숲 속 덫에 치어서 / 날개를 퍼덕이는 비둘기나 개똥쥐빠귀'에 비유한다. 섬뜩한 죽음의 미학이 느껴진다. 이 모든 묘사의 결론은 이렇다. 법정이나 경찰이 없는 이 섬은 각자가 스스로 문제를 해결하는 곳인데, 여기서 오디세우스의 비위를 건드렸다가는 목숨을 부지할 수 없다.

궁전에 청소가 실시된다. 아마 유황을 썼을 터인데, 여기에는 소독과 상징적인 의미가 있을 것이다. 오디세우스의 오랜 투쟁이 드디어 끝났다. 적은 멸망하고, 집안은 깨끗해졌다. 이제 비로소 아내를 만날 때가 왔다.

뿌리 박힌 침대

전투가 끝나고 집안 청소도 끝났다. 착한 유모 에우리클레이아가 서둘러 페넬로페에게 달려가 그동안 일어난 일을 모두 아뢴다. 왕이 돌아왔고 구혼자들이 사라졌다고 하지만, 여전히 못 미더운 페넬로페는 직접 확인하려고 대연회장으로 조심스레 발걸음을 옮긴다. 어머니가 반신반의하자 텔레마코스는 의심이 많다며 나무란다. 오디세우스가 아들에게 그 일은 부모에게 맡기고, 하인들과 음유시인들을 불러 모아 가짜 결혼식 피로연을 열어 행인들이 궁전의 학살극을 모르도록 하라고 지시한다.

페넬로페가 오디세우스의 정체를 확인하기 위해 시험을 한다. 페넬로페는 에우리클레이아에게 부부의 침실로 가서 침대와 침구들을 모조리 꺼내다가 마당에 늘어놓으라고 명한다. 젊었을 때 궁정 뜰에서 자라던 올리브 나무를 직접 깎아 그 침대를 만들었고, 그 나무 주위를 침실로 꾸몄기 때문에 옮길 수 없다는 사실을 잘 알고 있는 왕은 원래 침대를 없애버린 것으로 지레 짐작하고 버럭 화를 낸다. 페넬로페는 안도의 한숨을 내쉬며 그를 남편으로 인정한다. 20년 만에 부부는 축복의 밤을 함께한다. 부부에게 밤 시간을 더 주기 위해 아테나는 새벽을 보통 때보다 늦게 오도록 만든다.

인물 탐색 페넬로페는 그 나그네가 남편이라는 것을 반신반의하는데, 그 신중함은 이해가 된다. 지금까지 수많은 사기꾼들을 만났기 때문이다. 그러나 왕비의 반신반의가 거짓이라는 평자들도 있다. 그가 왕임을 알면서도, 그저 부끄러운 체하는 것이거나 그 신중함을 왕에게 과시하려는 의도일지 모른다는 것이지만, 이는 지나친 확대해석이다. 호머는 처음부터 페넬로페를 매우 낙관적이고 생각이 깊은 여인으로 그리고 있다.

따라서 한 번쯤 더 확인한다는 것은 그녀로서는 그다지 별스런 일이 아니다. 제3자는 부부의 침대가 지닌 역사를 알 리가 없으므로 그 확인 단계를 거쳐 그녀는 마침내 스스로의 의심에서 해방되는 것이다.

오디세우스는 텔레마코스를 대할 때, 조심성뿐만 아니라 이해심 많은 아버지의 지혜까지 보여준다. 그는 어머니를 탓한다고 아들을 야단치지 않고, 부모 일은 부모에게 맡기라고 타이른다. 군사전략가인 그는 몰살된 구혼자들이 모두 이지방의 유력 가문 출신들인지라 복수를 노릴지도 모른다는 것을 알기 때문에 아들에게 거짓 결혼 피로연을 준비하도록 한다. 그러면 행인들이 구혼자 중 누군가가 결혼해 피로연이 열리는 모양이라고 오인할지언정 학살 참극이 있었다고는 생각하지 않을 것이기 때문이다. 그런 일을 맡긴다는 것은 어른이 되어가는 왕자를 신뢰한다는 뜻이기도 하다. 오디세우스와 페넬로페는 단둘이 남게 된다.

오디세우스에게는 아직 몇 가지 할 일이 남아 있다. 장기간에 걸친 아들의 실종으로 마음고생이 심했던 아버지 라에르테스를 찾아뵈야 하고, 내전을 피하기 위해 피살된 구혼자들의 가족을 만나 협상해야 한다. 그리고 죽은 자의 나라에서 티레시아스가 말한 신탁을 실천해야 한다. 낯선 해변에서 잘 다듬어진 노를 들고 내륙으로 걸어 들어가 바다에 관해 아무것도 모르는 족속을 찾아내 누군가가 그 노를 곡식 까부르는

키라고 잘못 말할 때, 그 자리에 노를 세워 꼽고 숫양과 황소
와 야생 멧돼지를 포세이돈 신에게 희생 제물로 바치는 제사
를 지내야 하는 것이다. 그런 다음 고향에 돌아와서도 신들에
게 제물을 올리고 나서야 비로소 안식의 삶을 얻을 수 있다.

평화

: 줄거리

전통적인 길잡이 신 헤르메스가 죽은 구혼자들의 망령을 죽은 자의 나라로 안내한다. 그들은 아킬레스나 아가멤논 같은 그리스 영웅들 곁을 지난다. 구혼자들 가운데 하나가 페넬로페에게 했던 구혼, 그녀의 저항, 오디세우스의 복수 등을 이야기한다.

한편, 이타카에서는 오디세우스가 아버지 농장에 도착해 라에르테스에게 다가간다. 노인은 부왕이라기보다는 노예 같은 몰골이다. 정체를 밝힌 오디세우스는 라에르테스, 텔레마코스, 그리고 두 충직스런 목동들과 함께 귀향 식사를 즐긴다.

한편, 학살극 소문이 온 도시에 퍼지고 구혼자들 가운데 가장 공격적이던 안티노우스의 아버지 에우피테스가 복수를 다짐한다. 에우피테스의 동조자 가운데 절반 이상이 라에르테스의 농장으로 찾아가 오디세우스에게 복수를 하려고 한다. 그러나 이번에도 멘토르의 모습으로 나타난 아테나의 개입 덕에 내란으로 발전할지도 모를 큰 전투가 미연에 방지된다.

: 풀어보기

고전 시대 이래 이 마지막 권의 정통성이 계속 논란의

대상이다. 어떤 학자들은 후세의 수준 낮은 시인이 썼을 것이라고 하면서, 오디세우스와 페넬로페가 재결합했을 때 끝났어야 한다고 주장한다. 그러나 일반적인 견해는 마지막 권도 나름대로 존재 가치가 있다는 쪽이다. 이 권이 사족 같기는 하지만, 최소한 세 가지 미결 사항을 매듭짓기 때문이다.

문체탐색 되풀이되는 죽은 자의 나라 장면은 지루하고 불필요한 느낌을 줄지도 모르지만 아가멤논의 대비를 완성시키는 역할을 한다. 아가멤논의 망령은 페넬로페의 정절을 찬양하며 자신의 부정한 아내 클리타임네스트라와 비교한다. 페넬로페의 이야기와 오디세우스의 복수를 되풀이하는 것에 대한 의문은, 그 옛날의 서사시가 며칠 또는 몇 주간에 걸쳐 구두로 공연되었다는 사실을 기억한다면 조금은 더 해소가 될 것이다. 랍소드가 공연을 끝맺을 때, 이러한 막간 삽입은 청중에게 새로운 느낌을 주고, 다가오는 결말을 미리 생각하도록 해준다.

오디세우스와 라에르테스의 만남은 이야기 전개의 연속성에 꼭 필요한 부분이다. 제11권에서 죽은 자의 나라를 방문했을 때, 오디세우스는 어머니 안티클레이아로부터 부왕이 아들의 부재로 몹시 낙담하고 있다는 얘기를 들었고, 아테나와 에우마이우스도 라에르테스의 소식을 전했기 때문에 만일 오디세우스가 아버지를 만나 권위를 되찾아주지 않으면 심각한 틈새가 남게 된다.

마지막으로, 가장 중요한 문제가 남는다. 오디세우스는

이타카 섬을 중심으로 주변의 유력자 가문 젊은이를 100명 이상이나 죽였다. 그는 복수의 칼날에 맞서야 한다는 것을 알고 있다. 이미 그것을 아테나에게 언급한 바 있고, 대학살이 일어난 날 밤, 텔레마코스에게 거짓 결혼식 피로연을 열도록 해서 복수를 연기시킨 바 있다. 드디어 에우피테스가 이끄는 대규모 반발자 집단이 라에르테스의 농장을 습격하고, 다시 한 번 신들이 개입 여부를 논의한다. 양편이 전투를 벌인다. 아들의 귀환과 아테나의 축복으로 힘을 얻은 라에르테스가 에우피테스를 죽인다. 한 아버지가 다른 아버지를 죽임으로써 전투는 거기서 끝이 난다. 제우스의 지시로, 아테나는 충돌을 중지시키고 평화와 협력을 요구한다. 이타카는 번영을 되찾고, 오디세우스는 마침내 고향에서 안식을 누린다.

인물분석 노트

O 오디세우스

자수성가와 자신만만함의 합체이자 당시의 문화적 기준과 도덕의 화신에 해당하는 인물이다. 그는 신들의 후원을 받고, 동료 인간에게는 존경과 사모의 대상이다. 포세이돈 신의 분노조차도 그의 귀향을 막지 못한다. 그는 당대의 덕성을 대표한다는 자신감에 차 있지만 살아 있는 모순덩어리다. 그는 전형적인 서사시의 주인공에게서 흔히 볼 수 있는 것보다 훨씬 더 복잡한 인물이다. 예를 들어, 〈일리아드〉의 위대한 전사 아킬레스와 대조해 보자.

아킬레스는 다차원적인 인물이 아니며, 비극적 결함이 있다. 그 결함은 그의 몇 가지 두드러진 기질 가운데 하나로 오만이라고 표현하는 것이 가장 적절하다. 그러나 아킬레스의 성격은 비교적 단순하다. 호머 시대의 그리스인들이 알고 있었던 그리스 신화에 의하면, 아킬레스는 신들에 의해 두 가지 선택―자극적이고 영웅적이지만 짧고 영광스런 삶과 타인의 인정이나 명예와는 거리가 먼 조용하고 긴 삶―가운데 하나를 택하게 되어 있었다. 물론, 전자를 택한 그는 자기가 지향한 대의(大義)에 용맹스럽고 강렬하고 정직하게 헌신함으로써 일종의 영원불멸성을 달성한다.

그에 비해, 오디세우스는 훨씬 더 복잡해서, 용기뿐만 아니라 교활함에 의존해 살아간다. 그는 머리가 뛰어나다. 선택의 순간이 되면, 으레 논리를 동원해서 상황을 분석하고 평가한 다음, 좋은 쪽이라고 결론이 나면 서슴지 않고 (가족에게조차) 거짓말을 하거나, 사기를 치거나, 훔치기도 한다. 이런 행동은 서사시의 영웅에게서 기대되는 행동이 아니다. 그는 자제력이 있지만(로터스를 먹지 않음), 호기심은 이따금 화근이 되고 이로 인한 대가를 지불할 자세가 되어 있다. 세이렌들의 유혹에 넘어가지 않기 위해 돛대에 꽁꽁 묶이는 참기 어려운 고통을 겪으면서도, 세이렌들의 노래를 듣겠다고 고집하는 것이다. 음유시인 페미우스를 살려줄 때는 관대한 모습이지만 불충스런 12시녀를 처형할 때는 무자비해 보인다. 그는 모험을 통해 자신의 행동규범을 수립한다. 아킬레스에 비하면 심오하고 사색적이지만 거친 폭력의 소유자다. 어쨌든 흥미를 끄는 인간임에는 틀림없다. 그런 면에서 몇몇 평론가들이 그를 최초의 '현대인'이라고 즐겨 부른다.

　　승리는 오디세우스에게 동기를 부여한다. 그는 이타카의 집으로 돌아가 잘 살고 싶다. 따라서 그의 귀향길은 한 단계 한 단계가 모두 시험이요 전투다. 그가 승리에 관심을 갖는데에는 실질적이면서도 문화적인 이유가 있다. 호머 시대에는 경찰이나 사법제도가 없다. 정의보다는 물리적 힘이 우세하다. 오디세우스는 자주 선택의 기로에 선다. 죽음이냐 승리냐. 아테나가 오디세우스의 편에 설 때도, 궁극적인 승리나 실패는 그 자신에게 일임하는 경우가 잦다. 예를 들어 구혼자들과의 전투만 하더라도, 아테나는 쉽고 빠르게 이기도록 해줄 수도 있지만 오디세우스가 스스로 승리를 쟁취하게 한다.

그러니 만큼, 그는 모든 면에서 우여곡절과 파란만장으로 점철된 인간이다. 그가 방랑을 통해 성장하는 듯 보이지만, 사건을 경험함으로써 뭔가 새로운 것을 더 배우지는 않는다. 긴 방랑은 성장을 위한 체험교육 프로그램이 아니다. 여기의 에피소드들은 사리분별 등의 중요성을 가르치기 위한 교본도 아니다. 트로이 원정에 나설 때 이미 그는 영웅으로 명성을 얻은 상태였다. 그의 참전은 그리스군의 승리에 결정적인 역할을 했다. 늙은 거지로 변장하고 적진에 침입한 것도 바로 그였다. 제4권에서 메넬라오스가 텔레마코스에게 말했듯이, 트로이군을 패배시킨 트로이의 목마는 오디세우스의 전설적인 책략이었다.

하지만 모험을 통해 오디세우스의 지혜와 판단력이 향상된 것 또한 분명한 사실이다. 그가 구혼자들의 모욕을 참아내는 자제력은 칭찬할 만한 것이며, 방랑 초기 제9권에서 키클롭스에게 이름을 대며 거들먹거리는 경솔함에 비하면 너무나 대조적이다. 그러나 다른 면에서는 배움의 속도가 아주 느리다. 가장 단적인 예는 부하를 통제하는 능력이 거의 향상되지 않는다는 점이다. 키코네스인들에게 승리를 거둔 오디세우스는 현명하게도 빨리 약탈물을 챙겨 달아나길 원하지만 부하들이 미적거리는 바람에 적의 증원군에게 패하고 곤경에 빠진다. 아이올루스가 오디세우스 일행에게 순풍을 주어 이타카로 쉽게 돌아가게 해주었지만, 의심 많고 군기 해이한 부하들이 가죽 부대를 여는 바람에 고향이 빤히 보이는 지점에서 광풍을 만나 일거에 먼 곳으로 불려가 버리고 만다. 그뿐인가. 태양신 헬리오스의 섬에서는 오디세우스가 내륙으로 들어가 기도를 올리고 잠이 든 사이에 부하들이 엄명을 어기고 신성한 소를 잡아 향연을 벌인다. 오디세우스는 그러한 과정을 거치면서 보다 현실적이고 믿을 만한 인물로 성장한다.

○ 페넬로페

어떤 비평가들은 페넬로페를 현모양처의 전형이라고 간단히 치부한다. 확실히 그녀가 진지하고 부지런하며, 헌신적인 아내이자 어머니인 것은 확실하다. 그러나 우리는 그녀에게서 생기 있는 매력과 풍취를 느낄 수 없다. 그렇다고 벽걸이 그림 같은 여인이란 뜻은 아니다. 그녀는 운명에 대해 뒤틀린 인식을 가진 복잡한 여인이다.

페넬로페는 구혼자들이 쳐들어와 청혼을 하다가 나중에는 결혼을 강요하기에 이르면서 점점 위태로운 상황으로 빠져든다. 구혼자들이 환대라는 중요한 풍습을 악용하기는 했지만, 그녀에게는 구혼자들이 자기 집에 발을 들이지 못하도록 하는 방어능력이 부족하다. 그러나 교활한 남편에 필적할 만한 꾀를 가졌다. 안티노우스는 제2권에서 그녀가 구혼자 각자에게 암시와 약속을 주면서 실제로는 아무도 택하지 않고 거의 4년간이나 오도해 왔다고 불평하는데, 아닌 게 아니라 사실이다.

베틀에서 수의 짜는 이야기 또한 그녀의 영리한 책략을 보여준다. 3년 동안, 시아버지 라에르테스의 수의를 짜면서 수의가 완성되면 누군가를 선택해 결혼하겠다고 말하고는 매일 낮 왕실에 설치된 거대한 베틀에 앉아 일하고, 밤에는 남몰래 낮에 짠 천을 풀어헤쳐서 구혼자들을 속여 왔다. 그 책략은 시녀 가운데 하나가 구혼자들에게 고자질을 함으로써 실패한다.

활쏘기 시합도 그녀의 간계를 말해 주는 예다. 오디세우스가 이타카에 돌아온 후, 그녀는 시합 계획을 거지에게 처음 발설한다. 구혼자들에게 오디세우스의 활을 쏘게 해 도끼 구멍 열두 개를 관통시키는 자와 결혼하겠다는 것이다. 그런데 그것은 오디세우스가 했던 묘기다. 그녀가 이 특이한 시합을 택한 것은 우연이 아니다. 그녀는 자기가 하는 일을 정확히 알고 있다. 그녀 생각대로 거지가 정말 오디세우스라면 오직 그만이 시합에 이길 가능성이 있기 때문이었다.

O 텔레마코스

학자들은 왕자 텔레마코스가 등장하는 부차적 줄거리 부분을 '텔레마케이아'라고 부르기도 한다. 이 부분은 성년이 되어가는 과정을 그린 초기 이야기의 한 전형이다. 서사시가 시작될 무렵 그의 나이는 약 스물한 살로 추정되는데, 어른의 경계점에 다다른 그의 잠재적 힘은 불확실하고 불완전했으며 그의 죽음을 원하는 구혼자 집단으로부터 심각한 위협을 받고 있었다.

그는 이타카의 지도자 총회를 열어 구혼자들의 행패에 항의함으로써 자신의 존재를 내세워 몇몇 원로들을 감동시키지만 구혼자 집단의 주도자(안티노우스와 에우리마쿠스)들은 텔레마코스와 그의 어머니를 무시한다. 결과적으로 총회는 아무 성과 없이 끝난다. 위험을 감지한 아테나는 그를 외국으로 보내 아버지의 옛 전우인 필로스의 네스토르 왕과 스파르타의 메넬라오스 왕을 만나게 한다.

그는 그리스 본토로의 여행을 통해 어른으로 성장한다. 멘토르로 가장한 아테나가 그를 안내하며 지도한다. 그는 외국의 왕들 사이에서 어떻게 말하고 행동하는지를 배운다. 네스토르는 그에게 왕은 충성심과 헌신을 존중해야 한다고 역설한다. 메넬라오스는 오디세우스가 살아 있으며 칼립소라는 여신-요정에게 억류되어 있다고 알려준다. 아테나는 여행에서 돌아오는 길에도 그를 구혼자들의 암살 음모에서 구출해 준다.

구혼자들을 축출하기 위한 아버지의 계획에서 그는 중요한 역할을 맡는다. 그의 동기는 대부분 신앙심에 바탕을 두고 있다. 인간사에는 신들의 지원이 필요하며, 특히 아테나 여신의 지원이 있어야 한다고 믿는다. 또한 그저 전설적인 이야기를 통해 알고 있는 자기 아버지와 같은 위대한 인간을 신봉한다. 그는 좀처럼 흔들리지 않는다. 대연회장에서 구혼자들을 기습할 때, 어머니를 미리 피신시킬 정도로 생각이 깊고, 아버지를 제대로 보좌할 만큼 성숙해 있다. 아버지를 비롯한 두 명의 목동과 힘을 합쳐 무려 100명이 넘는 구혼자 집단을 상대로 용감하게 싸워 아버지로부터 신뢰를 얻고 능력을 인정받는다.

○ 아테나(팔라스)

제우스의 딸이며 '지성의 수호자'인 아테나 여신은 트로이에서 그리스군 병사가 그녀의 신전에서 신성모독을 범했기 때문에 그 벌로 오디세우스를 오랜 세월 방랑하게 만든 장본인이다. 그러나 〈오디세이〉에서는 오디세우스의 변함없는 지원자로서 오디세우스와 텔레마코스를 위해 인간사에 개입하기를 거듭한다.

아테나는 자주 모습을 바꾸는데, 주로 멘토르라는 가족의 지인 겸 조언자로서 오디세우스가 없는 동안 텔레마코스를 가르친다. 또한 그녀는 인간의 모습을 변장시키는 데도 전문가다. 이타카에 돌아온 오디세우스가 신분을 노출시키지 않고 정보를 수집할 때에는 늙은 거지로 변장시킨다. 주름살투성이로 만들고, 심지어 눈에서 총기까지 빼버린다. 그리고 필요에 따라서는 힘을 주기도 하고 키가 더 크거나 젊어 보이게 만들기도 한다. 서사시 끝부분에서는 늙은 라에르테스에게 힘을 불어넣어 에우피테스를 죽이게 한다.

호머는 아테나의 활약에 미묘한 균형을 부여한다. 즉 개입은 하되, 최종적인 운명은 인간이 스스로 맡도록 하는 것이다. 예를 들어, 구혼자들과의 전투에서, 오디세우스의 용기를 북돋워 전세를 유리하게 만들 수 있을 정도까지만 돕고, 그 나머지는 직접 쟁취하도록 인간의 몫을 남겨둔다.

○ 폴리페무스와 알키노우스

〈오디세이〉의 조연급 인물들 가운데 가장 두드러진 대비는 키클롭스들 대 파에아키아인들이다. 키클롭스들은 야생의 식인 외눈박이 거인족속이고, 파에아키아인들은 우호적인 문명인들로 오디세우스에게 방랑기를 이야기하게 하고 후에는 고향으로 무사히 돌려보내주기까지 한다. 이 양측의 대표에 해당하는 것이 폴리페무스(때때로 그냥 키클롭스라고 부름)와 알키노우스 왕이다.

외눈박이 거인족은 야만인이다. 그들의 땅은 어찌나 비옥한지 농사지을 필요가 없고, 목축에 소질이 있지만 문명을 흡수하는 데는 관심이 없다. 법, 의회, 우호친선 의식도 없다. 폴리페무스의 동굴을 탐험할 때, 부하들은 물건들을 훔쳐 달아나자고 했지만 오디세우스는 기다렸다가 주인의 호의를 받자고 고집하다가 결국은 부하 몇 명을 잃는 결과를 초래한다.

포세이돈의 아들로서 거의 신에 가까운 힘을 지닌 폴리페무스는 '환대의 원칙'을 비웃으며 오디세우스의 부하 두 명을 잡아먹는다. 아둔한 그는 오디세우스에게 속아 술을 먹고 눈까지 잃게 되며, 다음날 아침 오디세우스 일행이 양 아랫배에 매달려 있는 줄도 모르고 양떼를 바깥 목초지로 내몰아 모두 달아나게 만든다.

　　한편, 알키노우스 왕과 파에아키아인들은 점잖고, 개화되어 있고, 친절하다. 그들은 의지할 데 없는 나그네를 고향까지 데려다줄 정도로 친절하다. 이런 전통은 〈오디세이〉에 등장하는 다른 어떤 환대도 도저히 따라오지 못하며, 길 잃은 나그네의 수호자요, 탄원자의 보호자인 제우스에 대한 그들의 헌신과 맥락을 같이한다. 알키노우스의 백성들은 해양기술과 공동체적 행동에 도가 터 있지만 공격적인 군사집단은 아니다. 한때 전쟁광인 키클롭스들과 위험할 정도로 가까이서 살았지만, 말썽을 피하기 위해 현재의 장소로 이주했다. 오디세우스는 파에아키아인들 속에서는 안전하다. 그런데 포세이돈이 나그네를 고향에까지 데려다주는 전통을 이유로 그들을 처벌할 권한을 갖는 것은 우리가 볼 때 다소 곤혹스럽다. 잘못이 있는 자에게까지 그런 배려를 베푸는 것이 신들의 눈에는 과잉환대를 넘어 범죄의 방조라고 보이기 때문일까?

❍ 키르케와 칼립소

　　오디세우스와 연인관계를 맺고 상당 기간 같이 지낸 두 여신은 비슷한 데가 있다. 그들은 모두 뇌쇄적인 여신-마녀이지만 오디세우스를 잡아두는 동기나 그에 대한 대우는 뚜렷하게 대비된다. 오디세우스가 헤르메스의 충고에 따라 일단 키르케를 정복한 이후부터 키르케는 그를 돕기 위해 노력한다. 마술을 걸어 돼지로 만든 그의 부하들을 원상회복시켜주는 데 그치지 않고 탁월한 접대술로 연인을 섬겨 오죽하면 부하들이 이타카로 돌아가자며 항의할 지경에 이르도록 1년간이나 떠날 생각을 하지 않게 만든다. 그리고 떠나는 오디세우스 일행에게 보급품을 주고 항해 시 주의할 점까지 모두 일러준다.

　　그러나 칼립소는 이기적이고 지배적인 여신이다. 그녀는 결혼하고 싶은 욕심에서 오디세우스를 7년간이나 억류한다. 오디세우스가 저항하거나 제우스의 분부로 헤르메스가 그를 석방하라고 할 때도 영생을 약속하며 끝까지 잡아두려고 한다. 오디세우스가 그 제안마저 거절하자, "나는 동정심 그 자체예요"라며 그를 보내는 것이 마치 자신의 배려인 양 오도하려 한다. 우리는 칼립소의 집요한 용기와 원시적 남녀평등주의 옹호론에 감탄하지만, 다른 한편으로 강박적인 소유욕을 감안하면 오디세우스에게 가치 있는 존재라기보다는 골치 아픈 존재로 생각하게 된다.

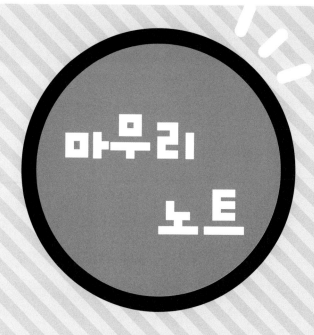

마무리 노트

주요 주제들

〈오디세이〉에서는 주요 주제들이 특히 중요한 의미를 가진다. 이 주제들이 거의 모든 등장인물의 도덕적·윤리적 골격을 형성하기 때문이다. 그리고 독자들은 이 주제들을 통해 인물을 이해하게 된다. 등장인물이 복잡한 사람일수록 더욱더 이 주제들과 깊이 관련되어 있으므로 주인공 오디세우스는 정도의 차이가 있을 뿐, 주요 주제들 전부를 포함하고 있다.

●환대

환대가 문학 작품의 주제라고 하면 현대 독자들은 좀 의아할 것이다. 그러나 호머 시대에는 환대가 아주 기본적인 것이었다. 페이글스와 녹스는 환대를 당시의 불안한 세상에서 통용되는 유일한 도덕적 행동규범이었을 것으로 본다.

낯선 방문자는 위험할 수도 위험하지 않을 수도 있지만 집주인은 그가 문제를 일으킬 경우에 대비해야 한다. 그러나 대체로 그들은 뭔가 조금이라도 도움을 얻으려고 찾아오는 나그네인 경우가 태반이다. 그리고 살아가다 보면 이러한 처지는 바뀔 수도 있다. 따라서 문명인이라면 환대를 베풀어 인간적인 자질을 증명함으로써, 나중에 그 입장이 되었을 때 잘 대접받기를 기대하게 된다. 그뿐이 아니다. 통신이 발달하지 않은 당시에는 나그네가 중요한 뉴스 전달자였다. 그리스인들은 바깥 세계의 동정을 이들 방문자를 통해서 접했다.

이 서사시에서는 환대 또는 환대의 부재가 오디세우스를 좌우한다. 독자는 집주인이 베푸는 환대의 정도에 따라 그의 문명화 정도를 판단한다. 오디세우스의 궁전은 환대라고 하는 이타카의 오랜 전통을 악용한 구혼자들 패거리에게 점령되었다. 텔레마코스와 페넬로페는 그들 힘으로 이 악당들을 몰아낼 수 없다. 구혼자들이 그 공동체의 유력한 가문들이기 때문에 공동체가 돕지도 않는다. 방랑하던 오디세우스는 아이올루스와 파에아키아인들로부터 큰 도움을 받는다. 키르케는 오디세우스에게 정복당한 후 큰 도움을 준다. 로터스를 먹는 족속도 나름의 환대를 하지만 오디세우스에게 도움이 되지 않았을 뿐이다. 그러나 세이렌들은 목소리는 달콤하지만 죽음으로 초대하는 자이고, 키클롭스(폴리페무스)들은 환대라는 개념 자체가 없으며 오히려 그 개념을 비웃는다.

신들의 왕인 제우스는 환대와 환대를 청하는 자의 옹호자로 알려져 있다. 하지만 파에아키아인들이 나그네를 집까지 바래다줄 정도로 극진히 환대했다는 이유로 포세이돈이 그 족속을 벌하려 하자 허락한다.

●충성

충성심이란 덕목은 매우 중요하다. 충성의 가장 돋보이는 예는 당연히 20년이 넘도록 남편이 돌아오기를 기다리는 페넬로페이다. 그 다음은 텔레마코스이다. 오디세우스의 옛 유모 에우리클레이아는 페넬로페는 물론이고 실종상태인 주인에게까지 충성한다. 돼지치기 에우마이우스와 소치기 필로이티우스도 충성의 표본이 되는 인물들이다. 에우마이우스는 왕의 가문을 칭찬하고 구혼자들의 침입을 비난함으로써 왕이 자랑스럽게 느끼도록 한다. 이런 행위는 집주인으로서 거지차림의 나그네에 대한 탁월한 환대가 되는 셈이기도 하다.

이들과 대비되는 인물이 염소치기 멜란티우스와 시녀 멜란토이다. 멜란티우스는 구혼자들과 한 패거리가 되어 거지 오디세우스를 모욕한다. 멜란토는 한술 더 떠서 적과 동침하며 왕비를 무시하고 그를 모욕한다. 충성스런 하인들은 보상을 받지만 불충한 하인들은 모진 처벌을 받는다.

이 주제는 약간 복잡한 면이 있다. 오디세우스가 충성을 기대하는 상대방들은 모두 독립적인 개체들이 아니라 그의 소유물에 불과한 존재들이다. 아내 페넬로페조차 문자 그대로 남편에게 속한 존재다. 현대 독자들은 질색하겠지만, 성적 정조가 화두가 될 때, 소유란 개념은 오디세우스에게 적용되는 이중 잣대를 정당화하는 구실이 된다. 페넬로페에게는 정조가 절대적으로 요구된다. 그러나 오디세우스는 다르다. 그는 정절 의무에 구애받지 않는다.

● 인내

이 주제는 오디세우스와 페넬로페에게 특히 체화(體化)되어 있다. 두 사람이 잘 어울리는 것은 살아남은 자들이기 때문이다. 오디세우스는 20년 동안이나 집을 떠나 있었다. 10년은 트로이 전쟁터에서, 10년은 귀향길에서 보냈다. 안티노우스의 말에 따르면, 페넬로페는 구혼자들로부터 약 4년간이나 버텨냈다.

오디세우스의 참을성은 전설적이다. 특히 방랑 기간의 행적을 보면 더욱 그렇다. 그는 교활함, 용기, 힘, 결단성을 동원해 모든 난관을 이겨낸다. 아마 그가 인내와 가족에 대한 충성심이 가장 심하게 시험받은 시기는 칼립소에게 잡혀 있던 7년간이었을 것이다. 그 기간 동안은 꾀를 부리거나 싸워도 탈출이 불가능한 상황인데도 집을 그리워한다.

● 복수

포세이돈과 오디세우스는 가장 두드러지게 복수라는 주제를 대변한다. 오디세우스는 키클롭스(폴리페무스)의 동굴에서 탈출하기 위해 동굴 주인인 외눈박이 거인의 눈을 멀게 하는데, 불행하게도 그는 바다의 신 포세이돈의 아들이었다. 결과적으로 어마어마한 적을 만든 것이다. 그러나 포세이돈은 오디세우스를 죽일 수는 없다. 살아서 집에 돌아가도록 이미 운명이 결정되어 있기 때문이다. 포세이돈은 오디세우스를 죽이지는 못하지만 그에 못지않은 벌을 내려, 아주 늦게, 부하를 모두 잃고, 가진 것 하나 없이 홀로 겨우 고향에 돌아오고, 집은 엉망이 되어버린 처지로 만든다. 오디세우스를 죽이지 못한 것이 너무나 원통한 포세이돈은 오디세우스를 고향에 데려다준 파에아키아인들에게 모진 분풀이를 한다.

오디세우스는 구혼자들과 불충한 시녀들에게 무시무시한 복수를 감행한다. 기습공격으로 안티노우스에게 활을 쏘아 목을 꿰뚫어버리고, 에우리마쿠스는 가슴과 간을 맞혀 죽인다. 멜란티우스와 멜란토는 구혼자들이 모두 죽은 다음 천천히 죽음을 당한다. 구혼자들은 왕권에 대한 존경심이 없었기 때문에, 하인들은 그의 왕권과 재산과 가족에 대한 충성심이 없었기 때문에 단죄를 당한 것이다.

● 외모 대 실체

외모 대 실체라는 주제는 아테나와 오디세우스 관계의 핵심이다. 아테나는 분장의 명수다. 그녀의 분장술은 자신과 오디세우스의 변장에서 최고의 효과를 발휘한다. 서사시의 시작에서 그녀는 지나던 길에 이타카에 들른 오디세우스의 옛 친구이자 타피안의 왕 멘테스의 모습으로 나타나 텔레마코스를 부추겨 회의를 열어 문제를 제기하게 만든다. 그러나 이타카의 현자 멘토르의 모습으로 텔레마코스를 구혼자들의 암살 음모에서 구하고 어른이 되도록 지도해 주는 장면이 더 유명하다.

아테나는 오디세우스를 전혀 다른 인간으로 바꾸기도 하지만 어떤 경우에는 정상적인 본래 모습을 보다 강조해서 보여주기도 한다. 예를 들어, 파에아키아인들이 오디세우스를 위해 잔치를 베풀 때는 오디세우스를 훨씬 더 키가 크고 여러모로 늠름한 모습으로 보이게 바꾼다. 제13권에서 오디세우스가 이타카에 돌아올 때는 주름살투성이에 적황색 고수머리칼을 아주 없애버리는가 하면 형형하던 눈빛을 흐릿하게 만들기도 한다.

오디세우스는 이러한 변장이 처음은 아니다. 트로이 전쟁 때도 거지차림으로 트로이에 침투했고, 그리스군이 꽉 찬 거대한 목마를 만드는 책략도 생각해냈다. 이 대목은 음유시인 데모도쿠스가 파에아키아인들이 베푼 잔치 석상에서 장본인이 앞에 있는 줄도 모르고 노래를 불러 전해 준다.

이타카에서 세 가족이 상봉하는 장면은 외모 대 실체라는 주제에 대해 이따금 논쟁을 불러일으킨다. 그는 왕가의 돼지사육장을 찾아오는 거지로 변장하고 아들 텔레마코스 앞에 나타난다. 단둘이 남게 되자, 아테나는 오디세우스를 인상적인 모습으로 바꿔 아들 텔레마코스 앞에 내세운다. 이때 아들은 모습을 바꾼 오디세우스가 혹시 신이 아닌가 하고 놀랄 정도였다. 궁전에서는 충직한 유모 에우리클레이아가 그를 목욕시키다가 다리 흉터를 보고 알아보지만 비밀을 지키기로 맹세한다.

여기서 논란은 페넬로페가 남편을 알아보았느냐 하는 것이다. 간간이 그녀는 그의 정체를 의심하는 기미를 보이지만, 그가 공식 활쏘기 시합에서 이겼고(제21권), 구혼자들을 처치하기(제22권)까지 했는데도 부부만이 아는 침대의 비밀을 알아맞힐 때까지는 공식적으로 남편임을 인정하지 않았다. 이를 두고 신중함을 과시하기 위한 내숭이라느니, 20년 동안 사기꾼 거짓말쟁이를 많이 겪다보니 불가피했을 것이라느니 하는 주장이 있다. 오디세우스와 아버지 라에르테스의 상봉(제24권) 역시 다소 논란이 있다. 그가 아버지를 만나면서 변장을 거두지 않는 것은 불필요하게 잔인한 처사라고 주장하는 비평가가 있는가 하면, 부왕의 권위를 되찾아주는 데 복장이 무슨 문제냐는 비평가도 있다.

아테나는 오디세우스의 잔재주와 교활함에 탄복하여 신이라도 그를 능가하려면 거짓말과 속이기에 선수여야 하겠다고 말한다.(제13권) 〈오디세이〉에는 속임수, 술수, 거짓말, 잔꾀 등이 감탄할 만한 특징으로 자주 등장한다. 아테나 역시 그것을 즐긴다. 그녀가 왜 오디세우스라는 인간을 좋아하는지 이해가 가는 대목이다.

● 정신적 성장

평론에서는 주인공이 이야기 전개에 따라 성장 발전하느냐 하지 않느냐 하는 문제가 가끔 제기된다. 〈오디세이〉에서는 특히 오디세우스와 텔레마코스와 관련해서 그렇다.

서사시가 시작될 때, 텔레마코스는 구혼자 패거리가 집을 점령하다시피 하고 주로 정치적인 이유로 저마다 그의 어머니와 결혼하겠다고 나서자 그들의 처리를 놓고 몹시 당황한 상태였다. 우선 그 자신의 신변이 위험한 상태였다. 황태자라고는 해도 왕위를 노리는 구혼자들에게 불필요한 짐일 뿐이다. 그는 하루 속히 성장해야 한다. 그 역시 어른으로 성장하는 통상적인 여정에 따라 선량한 의도와 칭찬할 만한 정신으로 시작해서 여러 가지 장애물을 만나 일시적으로 비틀거리기도 하지만 결과적으로는 성공한다.

아테나의 도움으로 이타카의 지도자 총회를 소집하여 이렇다 할 성과는 얻어내지 못하지만, 성숙을 향한 첫발을 내딛은 것이다.

그리고 아테나의 제안으로 오디세우스의 옛 전우 — 필로스의 왕 네스토르와 스파르타의 왕 메넬라오스 — 를 방문하여 아버지 소식을 알아본다. 두 사람의 궁정에서는 아버지 소식보다도 왕자로서의 처신에 대해 더 많이 배운다. 오디세우스가 돌아온 후에는 전투라는 시련을 거치면서 아버지의 신뢰를 얻는다.

　오디세우스의 성장은 직선적인 것이 아니다. 그에게 주어진 시련은 정신적 성장보다는 정신의 세련을 위한 것이고, 성장은 보다 훌륭한 왕이 되도록 이끌어주는 지혜와 판단력의 성장을 말한다.

　방랑 초기에 오디세우스는 외눈박이 거인 폴리페무스의 눈을 멀게 한 후, 달아나면서 조롱하고 싶은 마음을 참지 못하고 큰소리로 이름을 밝히는 어리석음을 범했다. 그 바람에 범인을 알아차린 폴리페무스가 아버지 포세이돈에게 오디세우스를 벌해 달라고 탄원을 할 수 있었고, 그 결과 오디세우스와 파에아키아인들은 혹독한 대가를 치러야 했다.

　그러나 이타카에 돌아온 오디세우스는 한결 신중한 인간이 되어 있다. 그는 적의 동정도 살피고, 충성스런 부하가 누구누구인지 알아보기 위해 변장을 한다. 구혼자들이나 자신의 부하들로부터 조롱을 당해도, 평상심을 잃지 않고 되받아치기를 뒤로 미루었다가 때가 무르익은 후에야 거사에 나선다. 서사시의 끝 무렵에 가면 오디세우스는 트로이에서 귀국길에 오를 때에 비해 훨씬 현명하고 지각 있는 지도자로 변모한다.

문학적 장치들

　기원전 700년경에 지어진 〈오디세이〉는 현존하는 초기 서사시 가운데 하나이며, 여러 면에서 원시적 서사시의 전형으로 여겨진다.

이 작품에서 호머는 서사시에 관련된 문학적 · 시적 장치들을 모두 사용하고 있다. 목록, 여담, 장광설, 여행담과 모험담, 영웅에 대한 여러 가지 시험과 시련, 직유, 은유, 신들의 개입 등이 그것이다.

●고양된 문체와 운율

호머는 〈오디세이〉를 장단단격 6음보*라고 알려진 운율로 지었다. 이 운율로 인해 고양된 문체의 서사시가 가능해진다. 이 서사시의 각 행(line)은 6개의 운각(韻脚)으로 구성된다. 이중 처음 5개 운각은 대체로 장단단(따아안-딴-딴) 3음절로 되어 있고, 맨 마지막 운각은 장장(따아안-따아안) 2음절로 되어 있다. 전자를 장단단격이라고 하고 후자를 장장격이라고 한다. 작가의 필요에 따라서 앞의 5개 운각 중에는 장단단격이 아닌 장장격이 허용되지만, 마지막 운각은 반드시 장장격으로 끝내는 것이 육각율의 원칙이다.

고대 그리스 시대에 지어진 호머의 서사시에서 중요한 것은 소리의 길이였다. 통상적인 현대 영시가 그렇듯 강조는

---

* **장단단격 6음보**(dactylic hexameter): 호머 시대 서사시에 쓰인 운율. 옛날의 시는 읽기보다는 외우기 쉽고 노래하기 좋도록 마치 악보처럼 장단단 3음절짜리 마디 6개가 시의 한 행을 이루는 운율로 되어 있다.

그 당시에는 중요하지 않았다. 따라서 고대 서사시를 그 6음보를 살려서 번역한다는 것은 불가능하고, 그저 내용과 주제를 충실하게 전달하는 것이 최선이라고 하겠다.

● **서사시적 직유**

호머가 가장 효과적으로 사용한 장치 가운데 하나는 서사시적 직유다. 직유란 수사법의 일종으로 두 개의 서로 다른 사물이나 개념이 비슷하게 보일 때, 시의 목적상, '같이' 또는 '처럼' 따위의 낱말을 써서 비유하는 방법이다. 예를 들어, '어떤 소녀의 머리칼이 햇빛 같이 빛난다'고 하거나, '어떤 남자의 숨결이 오래된 양말처럼 역하다'고 하는 것이 직유다. 그런데 서사시적 직유는 양자의 비교를 과대할 정도로 팽창, 연장시킨다. 비교적 짧은 편에 속하는 서사시적 직유의 예를 들어 보자. 제9권에 오디세우스와 부하들이 키클롭스의 눈을 멀게 하는 장면이다. "대장장이가 달군 도끼나 까뀌*를 쳐 박은 것처럼 / 얼음물에 담겨진 금속이 소리치며 김을 내듯이 / 그래서 쇠는 성질이 단단해지고 강철이 되는데 / 불에 달군 막대로 그의 눈을 지졌다. 불 막대로 지졌다!"

세스 L. 샤인은 〈오디세이 강독〉에서 〈일리아드〉와 〈오디세이〉의 서사시적 직유의 차이를 비교·설명했다. 〈일리아

---

* **까뀌**: 나무를 찍어 깎는 연장의 하나. 자귀와 비슷하나 크기가 작다.

드〉는 지리적으로 제한되어 있지만 〈오디세이〉는 그렇지 않
다. 전자는 주로 트로이 전쟁을 다루지만 후자는 사실상 그 당
시 알려져 있던 전 세계가 무대다. 따라서 〈일리아드〉의 직유
는 두 가지 기능을 한다. 하나는 일반적으로 직유가 그렇듯이,
사물, 기분, 상대 인물, 생각, 사건 따위에 대한 독자들의 경험
을 분명하게 또는 깊이 있게 해준다. 다른 하나는 시의 우주를
확장해 주고 그 시가 포용하는 경험의 범위를 넓혀준다.

　　그러나 〈오디세이〉에서는 서사시적 직유를 다르게 쓰
고 있다. 첫째, 사용 빈도 자체가 줄었다. 이미 이야기 자체가
광대한 세계로 넓어졌기 때문에 직유가 확장되지 않고, 그 대
신 독자의 경험을 집중시켜준다. 샤인을 비롯한 다른 비평가
들은 그 예로, 남편이 돌아온 것을 안 페넬로페의 기쁨을 난파
한 선원이 육지를 발견했을 때의 기쁨에 비유한 것을 인용한
다. 페넬로페는 난파한 선원인 것이다. 그녀는 남편 없이 바다
에 빠져 길을 잃고 있었다. 돌아온 남편을 보는 것은 곧 육지
를 발견한 기쁨과 같다.

●별칭

　　호머의 시어(詩語)에는 현대 독자들에게는 이상해 보일
지 모르지만 몇 가지 특징적인 장치들이 쓰이고 있다. 그 하나
가 별칭의 광범위한 사용이다. 별칭이란 인물이나 물체나 사
건의 본질을 규정짓기 위해 쓰인 형용어구다. 어떤 형용어구

를 너무 자주 쓰다 보니 별칭이나 통칭이 되었고, 경우에 따라 진부한 문구가 되기도 한다. 그 예가 초기 번역본에 나오는 '장밋빛 손가락을 가진 새벽'이다. 아침 햇살이 처음 퍼질 때 햇빛이 땅을 비치는 광경을 묘사한 이 표현을 새벽이란 단어가 나올 때마다 쓰다 보니 너무 진부해져서 페이글스는 약간 말을 바꾸면서도 원본에 충실하려고 '새벽이 장미처럼 빨간 손가락을 뻗쳐…' 등으로 조금씩 변형해서 번역하기도 한다.

아테나 여신을 자주 팔라스 아테나 또는 그냥 팔라스라고 부른다. 팔라스(pallas)란 '빛나는 눈의'라는 뜻의 형용어구로서 〈오디세이〉에 사용된 대표적인 별칭이다. 여러 가지 특징 가운데 머리칼이 별칭을 짓는 데 많이 쓰이고 있다. 예를 들어, 키르케는 예쁜 머릿단의 요정이다. 팔다리를 칭찬하는 별칭도 많다. 바다 요정 이노는 카드무스의 발목이 예쁜 딸이고, 알키노우스의 딸은 가슴이 흰 나우시카이다. 등장인물을 묘사할 때 추가적인 의미를 부여하건 하지 않건, 이런 별칭들을 통해 호머는 시의 연(聯)을 채우거나 각율(脚律)을 맞추는 데 도움을 얻었을 것이다.

● **기타 장치들**

목록이라든가 여담 같은 장치들은 현대 독자들에게는 지루할지도 모른다. 그러나 그 당시 그리스 청중은 영웅이나 악당을 그런 식으로 열거하는 연설에 익숙해 있었다.

서사시가 상당 부분 반복이 심하지만 그것은 구비전승 문학의 특징이며, 〈오디세이〉가 원시적 서사시임을 반증한다. 반복은 랍소드들에게는 일종의 시금석 같은 것이다. 그것을 통해 랍소드들은 공연장 내에서 위치를 잡았고, 청중과의 교감(交感) 정도를 측정했을 것이다.

주요 상징들

〈오디세이〉는 호머의 세계를 확대경으로 키워놓은 그림 같은 느낌을 준다. 그는 특정 물건으로부터 특정 지리적 단위에 이르기까지 평범한 것들을 비범하게 확대시켜, 즉 중요성을 부여해서 상징으로 쓰고 있다. 페넬로페가 시아버지 라에르테스를 위해 짜는 수의라든가, 오디세우스의 활이라든가, 바다 또는 이타카 섬 자체가 모두 중요한 상징들이다.

●라에르테스의 수의

페넬로페가 언젠가 치르게 될 시아버지 라에르테스의 장례식을 위해 짜는 수의는 구혼자들과 신경전을 벌이는 그녀의 꾀를 상징한다. 힘으로는 그들을 물리칠 수 없으므로 기지를 무기로 쓰는 것이다. 구혼자 안티노우스는 제2권에서 수의라는 잔꾀를 신랄하게 비판한다. 페넬로페는 수의를 다 짜고 나면 남편을 고르겠다고 약속하면서 3년이나 수의를 짰다. 낮에는 왕실 큰방에서 천을 짰지만 밤이면 도로 풀어헤쳐서 젊은 구혼자들을 속였다. 그 묘수는 한 불충스런 하녀가 고자질을 하는 바람에 들통이 난다.

● 오디세우스의 활

원초적으로 활은 왕의 물리적 우월성을 상징한다. 이것은 힘이 지배하던 시대에 아주 중요한 의미를 가진다. 그러나 활은 성숙함이나 왕자(王者)의 자격을 상징하기도 한다. 구혼자들은 활시위를 당기지도 못하는데, 이타카를 이끌 능력이 없음을 상징하는 것이다. 장난삼아 시위를 당겨본 텔레마코스는 거의 다 당길 수 있었다. 독자는 그가 네 번째 시도에서 시위를 성공적으로 당길 것이라는 예감을 갖지만 오디세우스가 신호를 보내자 당기기를 그만둔다. 그는 거의 왕이나 같지만, 아직은 아버지의 판단에 따라 참을성 있게 기다려야 하는 것이다. 오직 오디세우스만이 첫 시도에서 시위를 당긴다. 그 모습은 그가 페넬로페의 정당한 배우자이며 이타카의 왕이 될 유일한 자격을 갖춘 자임을 상징한다.

● 바다

여기서 바다는 인생의 바다로, 승리와 패배로 점철되는 위대한 인간의 삶의 여정을 뜻한다.

오디세우스는 이타카로부터 멀리 떨어져 있고, 그곳으

로 돌아갈 수 있는 유일한 길은 바다뿐이다. 그런데 그는 판단력 부족으로 바다의 신 포세이돈의 아들 폴리페무스를 장님으로 만들어 포세이돈의 분노를 산다. 바다의 신은 아들 키클롭스의 기도에 따라, 오디세우스를 오랫동안 고된 투쟁을 거치고 나서야 홀몸으로 고향에 돌아가게 하고, 집안도 난장판이 되어 있게 만든다. 〈오디세이〉가 현대인에게까지 즐겨 읽히는 매력 가운데 하나는 바다라는 자연이 큰 인물이든 작은 인물이든 모든 인간이 겪어야 할 인생항해를 상징하기 때문이다.

● 이타카

이타카 섬은 가정을 상징한다. 오디세우스는 그곳에 가야 사랑하는 가족과 함께 삶을 공유할 수 있고, 그가 얻은 부를 나눌 수 있고, 젊어서부터 즐기던 음식을 먹을 수 있고, 자기가 만든 침대에서 잘 수 있다. 이타카는 여로의 종점 또는 신비스런 목적지를 상징하기도 하지만 싸우지 않고는 갈 수 없거나 이룰 수 없는 목표다.

오디세우스는 자신의 집인데도 처음에는 그곳에 변장을 하고 들어가야만 했다. 구혼자들이 집을 점령하고 있기 때문이다. 군지휘관 출신인 오디세우스는 우선 관련된 정보부터 수집하고, 공격 시간과 장소를 정한다. 그의 아들과 두 명의 충성스런 목동이 곁에서 돕는다. 물론, 아테나도 돕지만, 대신 싸워서 이겨주는 게 아니라 오디세우스가 잘 싸우도록 용기를

북돋아주는 정도다. 승리의 보상으로 오디세우스는 가정과 이
타카 왕의 지위를 되찾는다.

이 부분은 원작에 대한 이해력을 테스트하는 난입니다. 다음의 세 가지 코너를 차례로 끝내면, 〈오디세이〉에 대한 포괄적이고 의미 있는 파악이 가능해질 것입니다.

A   다음 빈칸을 채우시오.

1. 페넬로페와 텔레마코스의 집안은 (   )의 난입으로 고통받고 있다.

2. 페넬로페는 (   )을(를) 짠다는 책략을 써서 남편감 고르기를 늦춘다.

3. 여신-요정 칼립소는 오디세우스를 (   ) 동안 억류한다.

4. 오디세우스는 그의 방랑기를 (   )(이)라는 족속에게 들려준다.

5. 장님이 된 키클롭스 폴리페무스는 (   )의 아들이다.

6. 오디세우스의 부하 몇 명은 여신-마녀 (   )의 마술에 걸려 돼지가 된다.

7. 죽은 자의 나라에서 오디세우스는 예언자 (   )(으)로부터 예언과 충고를 듣는다.

8. 이타카에서 아테나는 오디세우스를 도와 (   )(으)로 변장시킨다.

9. 아폴로 축제일에 페넬로페는 (   )을(를) 계획한다.

10. 충성스런 늙은 유모 에우리클레이아는 (   )을(를) 통해 오디세우스를 알아본다.

모범답안: 1. 구혼자들 2. 라에르테스를 위한 수의 3. 7년 4. 파에아키아인 5. 포세이돈 6. 키르케 7. 티레시아스 8. 늙은 거지 9. 오디세우스의 거대한 활을 쏘아 도끼구멍 12개를 관통시키는 시합 10. 오디세우스의 다리에 난 흉터

B 원작에서 다음 인용문을 찾아, 그 장면에 대해 설명하시오.

1. 비난받을 자는 여기 구혼자들이 아니다. 너의 어머니다. 짝 없이 꾀 많은 왕비이다. … 이것은 왕비의 교활함을 보여주는 걸작이다. 드 넓은 왕실 홀에 베틀을 설치하고… 짜기 시작했다. … 늙은 부왕 라 에르테스를 위한 수의를…

2. 우티스(아무도 아닌 자)―그게 내 이름이요. 없는 자.

3. 그들이 풀을 뜯고 있는 걸 보게 될 거요. 헬리오스의 가축, 살찐 소 떼들을. 태양의 신은 모든 걸 보시며, 모든 걸 들으신다오. 그러니 그 짐승들에 손대지 말고…

4. … 그러나 그는 누워 있소. 이미 죽었단 말이요. 모두가 그자 탓이요. 안티노우스 말이요. 보시오, 그자가 우리 모두를 범죄로 이끌었단 말이요.… 그러니 당신의 백성들을 살려주시오. 나중에 우리가 갚으 리다. 땅에 세금을 매겨서 당신의 비용을 전부 갚아드리겠소. …

5. 여인아―그대의 말에 단도직입으로 묻겠다! 누가 내 침대를 옮겼단 말이냐? 그건 불가능한 일이다. 아무리 기술이 좋다 해도… 내가 그 것을 만들었기 때문에 잘 안다. …

모범답안: 1. 제2권에서 안티노우스가 텔레마코스에게 한 말. 그는 페넬로페를 거칠게 비난하지만 이 비난은 다른 한편으로는 페넬로페의 영리함과 구혼자들의 우둔함을 증 명하기도 한다. 2. 제9권에서 오디세우스가 폴리페무스에게 한 말. 말장난으로 키클롭 스 폴리페무스를 농락한 것. 3. 제11권에서 죽음의 나라에 있는 예언자 티레시아스가 오디세우스에게 한 엄중한 경고. 그러나 오디세우스의 부하들은 이 경고를 무시하고 태 양신 헬리오스의 가축을 도축했기 때문에 후에 바다에 나가자 제우스가 벌을 내려 몰살 시킨다. 4. 제22권에서 구혼자 에우리마쿠스가 학살을 모면해 보려고 하는 입에 발린 변명. 오디세우스는 이 말을 받아들이지 않고 활을 쏘아 간을 뚫어버린다. 5. 제24권 에서 페넬로페가 마지막 시험으로 부부의 침대를 옮겨 내오라고 하자, 오디세우스가 하 는 말.

C 다음 주제에 대해 간단히 설명하시오.

1. 텔레마코스에 관한 부분은 어른이 되어가는 전통적인 이야기다. 이는 어른이 되는 과정을 그린 다른 이야기들과 어떤 공통점이 있는가? 왕자는 왜, 어떤 경로로 변화하는가?

2. 오디세우스의 활, 라에르테스에게 입히려고 페넬로페가 짜는 수의, 이타카 섬, 바다 등은 〈오디세이〉에 나오는 상징들이다. 각각이 상징하는 것은 무엇이며, 어떤 의미를 지니고 있는가?

3. 복수라는 주제는 이 작품에서 어떤 역할을 하는가? 이 주제를 텔레마코스, 포세이돈, 오디세우스의 관점에서 각기 설명하라.

4. 이 작품에서 호감을 느끼는 여자 등장인물은 누구이며, 그 이유는 무엇인가? (여기서는 신도 인간으로 생각하고 답변할 것.)

5. 〈오디세이〉의 주요 주제 가운데 하나는 '상호성'이다. 사람은 한 만큼 받게 되어 있다. 이 주제가 주요 등장인물들, 오디세우스, 안티노우스, 텔레마코스, 페넬로페에게 각기 어떻게 나타나는지 설명하라.

6. 〈오디세이〉는 원시적 서사시에 흔히 나오는 문학적 장치들을 사용하고 있다. 이 장치들을 열거하고 그 목적을 설명하라. 여기서 사용한 기법을 다른 기법으로 바꿔 서술할 수 있는가? 있다면, 바꿔 표현해 보고 왜 그렇게 바꾸었는지를 설명하라.

7. 주인공 오디세우스는 뛰어난 자질을 많이 가지고 있다. 그 자질들을 열거하고, 그에게 어떤 이익을 주었는지 설명하라.

8. 파에아키아인들의 사회와 키클롭스들의 생활양식을 대비시켜 설명하라. 그리고 이 두 사회가 '환대'라는 주제를 어떤 식으로 대변하는지 설명하고, 당시 환대의 의미를 논하라.

一以貫之는 '논어'에 나오는 말로 '모든 것을 하나의 이치로 꿴다'는 뜻입니다.

논술의 주제와 문제 유형, 제시문들은 참으로 다양하고 가지각색입니다. 그러나 그 모든 것을 하나로 꿸 수 있습니다. '인간사회의 보편적 문제들에 대한 근원적인 물음에 답하는 자기 나름의 견해'라는 것이지요. 논술은 인간이면 누구나 부닥치는 개인적 또는 사회적 문제들에 대한 자기 나름의 고민이자 성찰입니다. 논술은 자기견해, 자기 가치관, 자기 삶에 대한 솔직한 고백입니다.

一以貫之 논술연구모임은 '자신의 물음'과 '자신의 생각'을 갖고 '자신의 글'을 쓸 수 있도록 도와줍니다.

〈집필진〉
전경훈, 우한기, 이호곤, 박규현, 김법성, 김재년, 김병학, 도승활, 백일, 우효기, 조형진

I. 신화 — Mythos: 이야기, 말

딴 이야기: '되돌아-물음'

　신화의 이야기에는 무엇보다 그 신들을 믿던 사람들이 살아가야 했던 세계에 관한 비밀이 담겨 있다. 그러나 그것이 지구를 반 바퀴나 돌아야 하는 땅에 사는 우리와 무슨 연관이 있을까. '신화'를 알아야 신화를 읽을 수 있다. 헉, 그렇다고 꼭 신화학을 두루 섭렵해야지만 신화를 읽을 수 있다는 것은 아니다. 우리가 살아가면서 겪게 되는 모든 만남과 마찬가지로 신화를 읽는다는 것 또한 신화와의 만남이다. 문제는 어떻게 하면 잘 만날 수 있느냐다. 물론, 우리가 만나는 모든 것의 본질이나 실체는 알 수도 알 필요도 없지만, 제대로 만나기 위한 최소한의 준비가 필요하다. 누군가 낯선 사람을 만나야 할 때, 우리는 낯선 사람에 대해 묻듯, 단지 즐거운 이야기로서 신화를 만나는 것이 아니라 우리 삶에 무엇인가를 던져주는 실마리로서 신화를 만나기 위해서 신화를 알아야 한다.

하나, 왜 신화인가

　저 먼 땅에 살던 신들이 지배하던 시대의 이야기가 있다. 신화, 뮈토스. 아시다시피 우리의 시대는 신화의 시대가 아니다. 봄이 오고 꽃이 피고, 풍랑이 뱃길을 가로막고 번개와 홍

수가 두려움과 공포를 안겨줄지언정, 그것을 신의 의지로 읽을 사람은 오늘날 그리 흔치 않다. 아니, 그것을 신의 의지로 읽는다는 것 자체가 지나친 비약이거나 허튼 소리에 지나지 않는다. 그러나 그런 시대가 있었다고 상상하자. 도무지 신이 없이는 어느 것도 이해할 수 없었던 세계, 자연이 주는 시련과 알 수 없는 삶의 소용돌이, 그들은 이 세계에 너무나도 나약한 제 몸과 삶의 그늘에서 신의 얼굴을 보았다. 그네들은 묻는다. 이 세계와 삶은 왜 그러한가? 세계는 왜 그렇게 일관된 표정으로 태양이 밤낮을 가로지르고, 시간은 죽음 같은 겨울을 딛고 봄을 불러오는가? 또 삶은 탄생에서 죽음으로 순회하며 우리를 어디로 이끌고 가는가? 아니 도대체 우리는 어디에서 와서 어디로 가는가?

오늘날의 세계상으로 말하자면 신화의 시대를 살던 사람들은 한낱 비웃음거리였거나 무지했던 사람들이다. 아니, 양을 제물로 바친다고 하늘이 꿈쩍이나 하고, 아들을 제물로 바다에 빠뜨린다고 해풍이 멎겠느냐 말이다. 그러나 우리가 신화에다 대고 말하는 그 우리, 우리는 무엇을 지니고 그렇게 말할 수 있을까? 번개가 치고, 바람이 불고, 풍랑이 몰아칠 때 우리는 TV 앞에 선다. TV 앞에서 전문가들이 하는 이야기를 가만히 듣는다. 신화의 시대를 살았던 그들과 마찬가지로 우리 또한 묻고 있다. 일기예보를 통해 우산을 준비하고 세차시기를 맞춘다. '호기심 천국'의 시청자들은 전문가들의 설명이 끝난 후에야 "아~하!"라고 고개를 끄덕인다. "아-멘." 사실 우리가 비난하는 그들의 무지는 과학기술의 창이 설명해 주는 세계를 믿음으로 지닐 수 없었던 데 대한 것이 아니었을까. 우리 또한 믿고 있으니 말이다. 무엇을? 과학기술적 세계관의 신화를!

인간, 우리는 믿는 자들이다. 아니 그보다 더, 믿기 전에 묻는 자들이다. 이 세계가 알 수 없는 깊이와 넓이로 시시각각 파도처럼 달려들고, 인간은 묻는다. 그리고 응답을 얻는다. 각 문명의 세계관이란 삶과 세계에 던진 물음과 물음에 대한 응답의 체계다. 인간은 오늘날도 그러하듯이 그러한 물음과 응답의 체계를 믿는 존재다. 특정한 응답만이 참된 세계를 보여주는 것이라고. 신화는 그러한 측면에서 과학기술과 같기도 하고 다르기도 하다. 완전히는 이해 불가능한 삶과 세계에 대해 이해하려는 시도라는 측면에서 뿐만이 아니라, 그것들 각각이 보여주는 세계가 참된 세계라는 믿음이 필요하다는 점에서 같기도 하지만, 각각 신성을 통한 이해와 사물화된 객관적 이해라는 측면에선 다르기도 하다.

신화에는 '낯선 세계에 던져진 인간 공동체'가 '낯선 세계에 던진 물음과 응답'이 담겨 있다. 인간은 살아가기 위해 물음을 던지고 응답을 구한다! 거기에는 비단 세계에 대한 인식뿐만이 아니라 인간이 세계 속에 그 스스로의 의미를 세우는 것도 포함되어 있다. 물론 그들은 오늘날과는 다른 응답의 방식으로 세계를 이해했다. 그리고 세계를 살아가는 인간의 의미를 이해했다. 인간이 스스로에게 질문을 거두지 않는 한, 세계를 살아남기 위해 발버둥을 치는 한, 그러한 물음과 응답은 여전히 유효하다. 신화의 문을 두드리라, 그러면 열릴 것이다. 인간은 도대체 어디로부터 와서 어디로 가는가? 도대체 하루하루의 생이 이어진, 우리네 삶과 운명은 무엇인가?

둘, 왜 서사시인가?

1. 공동체의 이야기

서사시에는 공동체의 영웅들이 펼치는 모험담이 담겨 있다. 하지만 그렇다고 서사시가 잘난 인간들의 흥미진진한 모험담 정도에서 읽히기만 해서는 곤란하다. 역사가 없고, 학문이 없고, 달리 기록이라는 것이 존재하지 않았던 시대에, 거기에다 신화적 세계관 속에 살아가던 시대에 공동체의 과거는 고스란히 이야기를 통해서 전해지곤 했다. 할머니가 손주 녀석을 재우기 위해 운율을 실어 전해 주던 옛날이야기에는 할머니가 물려받은 공동체적 가치가 담겨 있다. 때문에 공동체의 옛 이야기 속에는 비단 과거에 대한 기억만이 아니라 공동체가 이해하는 세계와 공동체가 지향하는 가치, 그리고 그것을 구현해 나가는 인간의 모습이 고스란히 녹아 있다. 서사시인은 그런 점에서 공동체를 사는 사람들에게 공동체의 과거와 영웅의 모습을 통해 입에서 입으로 공동체의 가치를 보존하고 전수하는 할머니, 이야기꾼이다. 시인의 이야기는 당시 문명을 살던 사람들이 이해하는 삶과 세계의 비밀이 고스란히 담겨 있는 위대한 것이다.

2. 영웅에 대한 이야기

어떤 사회건 영웅이 존재한다. 영웅은 공동체의 모범상이다. 공동체를 사는 사람들에게 동일시의 모델이면서 한편으로 영웅은 도달할 수 있는 공동체적 가치의 한계를 보여주는 존재이기도 하다.

뛰어난 인간은 뛰어난 인간의 능력을 보여줌으로써 공동체가 지향해야 할 가치를 보여준다. 그러나 그도 인간이기에 넘을 수 없는 한계가 있게 마련이다. 영웅도 인간이기에 넘을 수 없는 벽, 그것은 고스란히 신화적 공동체가 이해하는 인간의 한계이며 우리의 운명이다. 어떤 인간도 신이 될 수는 없다. 신이 내린 저주가 있다면, 영웅은 그 저주를 살아야 한다. 신이 내린 영광이 있다면 영웅은 그 영광을 산다. 영웅은 인간의 가능성이자 한계를 동시에 보여주는 존재다. 도대체 인간과 신의 경계는 무엇인가? 인간 운명의 한계점은 무엇이며, 우리는 무엇이 가능하고 무엇만이 가능한가!

들어가기가 너무 길었다. 길게 얘기하자면 한없이 늘어지고, 또 늘어지자면 그리스의 서사시를 넘어 그리스 신화 전체를 헤집고 다니게 될지도 모른다. 물론 〈오디세이〉를 읽기 위해서는 그 모든 것이 필요하고 필요하지 않기도 하다. 그 당시의 문화, 사람들의 세계 인식이 필요한 것도 사실이고, 부질없는 것도 사실이다. 당신의 앞에 〈오디세이〉 한 권이 놓였다. 그것도 영웅이 맞부딪힌 운명과 닮은꼴이다.(신화적 세계는 이미 끝나버린 세계가 아니라 인간이 살아가는 한, 당신의 생에서 끝없이 부활하리라.) 좋은 삶, 더 나은 삶을 위해서, 이타카로의 귀향을 위해서 기꺼이 책을 여는 여행을 하라. 단, 아무 생각 없이 열지 마라. 안전한 여행은 꿈에도 꾸지 말라. 모험이다! 물음을 지닌 모험이며, 응답을 찾기 위한 모험이다. 그 모험은 더 나은 삶으로 가는 과정일 때만 의미가 있다. 신이 아니라면 다 알 수 없다. 당신이 그리스 로마 신화의 학자이거나 학자가 아니라고 해도 전부 알 수는 없다. 그러나 인간임을 잊지는 말자. 만나야 할 세계에 물음을 던지고 응답을 찾아 나서는 모험을 기꺼이 감행하는 무모함, 그것이 인간이다. 인간인 당신의 앞에 놓인 〈오디세이〉 읽기도 그 한계를 고스란히 안고 있으며, 영웅이 보여준 가능성 또한 잉태하고 있다. 이타카로 가려거든 물음을 던지고 답을 구하라. 영웅 〈오디세이〉를 읽는 당신은 영웅이다. 기꺼이 모험을 여는!

II. 물음과 응답의 실마리 몇 가지

텔레마코스의 여행
— 왜 그는 떠날 수밖에 없었을까? 왜 인간은 집을 떠나고야 마는가?

서사시의 초반부에는 텔레마코스의 여행이 등장한다. 여행이란 집을 떠나는 것이다. 집안에서 어른이 되어가는 것은 위험한 일이다. 물론 텔레마코스의 경우 '아버지'가 없는 상황에서 '아버지'의 역할을 수행해야 하지만, 그럴 수 없는 그에게 어머니인 페넬로페의 구혼자들이 위협을 가하는 상황이 존재한다. 그러나 더 중요한 것은 '아직' 텔레마코스에게는 '아버지'의 능력, 집을 지킬 수 있는 능력이 없다는 사실이다. 집은 인간이 살아가는 질서의 가장 작은 부분이다. 대부분의 사람들은 집을 편안한 쉼터로 생각한다. 쉬기 위해서는 평화가 자리 잡아야 하지만, 텔레마코스에게는 아직 집안의 평화를 가져다줄 만한 능력이 없다. 그것이 '미성년'으로서 텔레마코스이다. 때문에 그가 집을 떠나는 것은 일종의 도피이기도 하지만, 그가 성년이 되기 위해서, 아버지가 되기 위해서, 아니 더 중요한 것은 텔레마코스 자신의 집을 만들기 위한 적극적인 '집-떠남'이다. 이렇게 볼 때 그것은 비단 텔레마코스만의 이야기가 아니다. 한 인간의 성장은 집을 떠나 집을 만들고 살아가는 과정이기도 하다. 피부양자에서 부양자로, 하나의 더

불어 삶에서 또 다른 더불어 삶으로, 책임의 대상인 삶에서 책임의 주체인 삶으로… 우리네 인간들은 떠난다. 각자마다 구체적인 계기들은 다르겠지만—텔레마코스는 따라서 구체적인 계기를 지닌 개별-인간이기도 하면서 모든 인간들의 떠남을 보여주는 일반-인간이기도 하다—성년이 되어 자기가 떠안은 관계와 질서를 지탱할 능력을 얻기 위해 익숙했던 집을 떠나야 한다.

뒷다리. 물론 오늘날 우리시대의 상황을 보면 대략 난감하다(--;;). 아니, 스무 살이 넘어서까지 부모님에게 기대고 사는 족속들이란! 그러고서도 '나의 삶', '개성', '멋진 삶' 운운하는 파렴치함이란! 독립된 자아, 자기 질서의 집과 삶을 만들 수 있는 능력은 '집-떠남'을 필요로 하거늘….

모험의 시작
— 영웅에게 모험은 무엇일까? 모험의 시작과 로터스를 먹는 사람들은 어떤 연관일까?

우리는 결과를 알 수 없는 어떤 일, 알 수 없기 때문에 불확실하고 또한 더 위험한 어떤 일을 모험이라고 한다. 이타카로 돌아가는 길, 그곳에 가기 위해서는 모험을 떠나야 한다. 생각해 보면 모든 영웅은 그렇게 모험을 떠난다. 아니, 모험을 떠남으로써만 영웅이 된다. 만약, 헤라클레스와 테세우스가 모험을 떠나지 않았다면? 영화 〈매트릭스〉의 네오가 모험을 감행하는 알약을 먹지 않았다면? 모험과 모험에서 겪는 역경은 영웅들이 겪는 일종의 통과의례다. 누구나 영웅이 되는 것이 아니라, 모험과 역경을 극복하는 자만이 영웅이 되는 것이다. 때문에 어쩌면 누구나 영웅이 될 수 있다. 불확실한 위험과 결과를 알 수 없는 일이라 할지라도 기꺼이 선택하는 사람이라면.

다른 영웅들과 마찬가지로 오디세이도 트로이 전쟁이 끝난 후, 부하들과 함께 모험을 떠난다. 그러나 웬걸, 모험 초반부터 심상치 않다. 로터스를 먹는 사람들을 만난다. 망각의 열매, 그것을 먹는 사람은 집도 동료도 다 잊고 오직 그곳에 머물러 있고 싶어한단다. 망각은 기억의 없음이다. 기억이 없다면 나도 없다. 가끔씩 드라마에서 기억상실증에 걸린 주인공 이야기가 소재가 되곤 한다. 기억 없음은 '나-상실'이다. 우리네 인간이 '나'를 생각한다는 것은 나를 '기억'한다는 것이다. 나는 도대체 '어디로부터 와서 어디로 가는가?'라는 질문에 대한 응답의 뿌리는 '어디로부터'이다. 로터스 열매를 먹은 사람들은 언제까지나 '그곳에' 머물고 싶어한단다. 인간은 기억과 그것으로부터 가지와 줄기를 뻗는 미래와 현재를 통해 한 평생을 살아간다. 인간의 현재의 삶이란 과거에서 미래로 연결되는 선이다. 따라서 인간은 현재인 '지금-여기'를 살되, 언제나 '지금-여기'만을 살지 않는 존재다. 과거의 기억 위에서, 미래의 시간을 내다보고, 그것들을 '지금-여기'로 끌어당겨 사는 것이 인간이다. 따라서 그곳에만 머무는 존재는 인간의 삶이 아니다. 인간을 제외한 동물이나 사물들의 존재 방식이 '그곳에만 머무름'이다. 따라서 로터스란 열매에 대한 거부는 스스로 인간이 되기 위한 최소한의 요건인 셈이다. 나를 상실하는 것만큼 거대한 위협이 있을까? 인간이 되기 위해서는 '나'를 기억해야 한다. 망각의 열매가 모험의 초반에 등장하는 것도 이쯤이면 이해가 될 법하다. 모험을 성립시키는 것은 자기 삶이다. 자기 삶을 상실한다는 것은 모험 자체를 불가능하게 한다. 때문에 오디세이가 맞이한 최초의 역경은 곧 최후의 역경까지 그가 맞이할 모험을 견딜 만한 '나'인지를 묻는 물음이다. 만약, 불확실한 모험을 감행할 만한 나의 기억이 없다면 상실하라, 그리고 '지금-여기'에 머물라. 오디세우스의 모험 도중 곳곳에 키르케의 마약과 같이 '지금-여기-머무름'의 유혹이 깔려 있다. 그리고 인간, 자기 삶의 모험을 떠나는 자들에게는 언제나 로터스 열매의 유혹이 따라 다닐 것이다.

아무것도 아닌 자 되기
— '나를 기억하는 자'의 '아무것도 아닌 자' 되기는 왜 진실을 담은 속임수인가?

두 번째 모험에서 만나는 폴리페무스는 인육을 먹는 괴물이다. 제우스의 아들인 키클롭스의 일종이 괴물이란 사실도 흥미롭지만(이 질문은 당신의 책읽기-모험에서 물음으로 던지십시오!) 영웅이 살아남는 방법에 더 주목해 보자. 이 괴물은 도무지 말이 통하지 않는다. 오디세우스 일행은 '손님'으로 대접해 달라고 요청한다. 괴물은 이에 '먹는 것'으로써 답한다. 손님과 주인의 관계가 아니라, 먹는 것과 먹는 자의 관계가 미끄러지는 것이 영웅이 맞이한 두 번째 모험의 시작이다. 괴물이 주인이자 권력자인 시공간-동굴에서 부하들이 둘씩 죽어가는 광경을 보면서 오디세우스는 포도주에 곁들여 현실 권력에 소통을 시도한다.(이 대목에서 내 무릎은 손바닥과 만났다! 역시, 술!-이것도 각자의 질문에 곁들여보시길.) 그런데 영웅이 내놓은 자기 존재에 대한 표현이 가관이다. '아무것도 아닌 자'. 소통이 인간과 인간 사이에서 일어나건 인간과 괴물 사이에서 일어나건 인간 사이에서 벌어지는 소통은 언제나 특정한 권력관계 속에서 존재한다.(특정한 권력관계가 전제되지 않는다 하더라도 완벽한 의사소통은 늘 실패할 수밖에 없다. 〈어린 왕자〉의 초반부에 파일럿과 어린 왕자가 '양'을 두고 벌이는 소통을 떠올려보라. 사실 파일럿이 내민 '상자'와 '아무것도 아닌 자' 사이에는 은밀한 유사성이 있다. 이것 역시 댁의 물음으로!) 물론 이상적인 소통이야 권력의 차가 발생하지 않는 시공간을 전제해야겠지만, 우리네 인간이 살아가는 현실성의 공간이란 오디세우스가 살아남아야 하는 폴리페무스의 동굴 속과 마찬가지로 특정한 권력이 작동하는 시공간이다. 여기서 오디세우스는 자신이 주장할 수 있는 동굴 밖의 언어를 가지고 소통을 시도하지 않을 뿐만 아니라, 폴리페무스가 설정한 언어도 받아들이지 않는다.(물론, 받아들일 수 없었겠지!)

다만, '아무것도 아닌 자'일 뿐이다. 폴리페무스는 이 말에 오디세우스의 죽음을 유예해 준다. 폴리페무스는 이 아무것도 아닌 자가 동굴 속에서 '무엇'이 되어야 할지 결정해야 한다. 이름을 불러줘야 한다. 그런데 이상하지 않은가? 첫 모험에서 '나-상실'을 견딘 사람이 '나'를 '아무것도 아닌 자'라고 하다니? 첫 모험의 연장선상에서 보면 '아무것도 아닌 자'를 무턱대고 영웅의 부활을 위한 비움이나 상실로 해석하는 것은 무리가 있다. '아무것도 아닌 자'는 살아남기 위한 소통의 시도다. 하지만, 그것은 애초에 권력자와 진실에 대한 소통을 기대하고 벌이는 소통이 아니라, 진실을 획득하기 위한 시도로서의 속임수다. 때문에 그것은 '나'를 상실하는 것이 아니라, 모험을 지속하고 이타카로 돌아가기 위해 '나'를 위한 '아무것도 아닌 것 되기'이다. 현실의 권력이 '나'를 포획하기 위해 부르는 이름을 거부하고, 현실 권력 밖의 이름 또한 거부한다. 왜 또 현실 권력 밖의 다른 이름 또한 거부하는가? 현실 권력 밖의 이름을 내가 아무리 부르짖어봤자, 그것은 현실 권력과의 의사소통에서 거부당할 게 뻔한 짓이다. 현실 권력으로선 두 경우 다 요리하기 쉽기는 매한가지다. 현실 권력의 포획을 벗어난 삶을 지속하기 위해서는 이중의 부정이 필요하다. 여기, 오디세우스는 현실 권력의 포획을 뿌리치기 위해서 현실 권력에 가장 치명적인 속임수를 날리고 있다. 나는 당신이 부르는 것도 아니고, 당신 권력 밖의 다른 것도 아니지롱~ 안녕!

바람자루를 지키다 잠든 오디세우스

— 영웅도 잠을 잔다?

　두 번째 모험을 지나, 세 번째는 모험이 아닐 수도 있었다. 바람의 왕인 아이올루스는 우호적이다. 그러나 웬걸, 제 아무리 영웅이라 해도 인간이다. 인간은 누구도 제 운명을 알지 못한다. 아니, 바로 앞에 무슨 일이 일어날지 누가 알겠는가! '그들은 모르나이다' 정도의 차이야 있겠지만, 인간은 의식과 의지를 품고 세계를 산다. 인간이 위대한 것은 '지금-여기'에만 머무르지 않는 의지에 있다. 의지는 의식, 앎의 실현이다. 인간은 의식을 통해 세계를 자기 것으로 인지하고, 의지를 통해 세계를 자기 것으로 만든다. 영웅은 인간의 꼭대기, 넘을 수 없는 한계에서 인간의 그 위대함에 대해 일러준다. 쯧쯔, 가련한 것! 아이올루스의 호의 속에서 지내던 평온하고 모험스럽지 않은 날들도 예기치 못하게 모험이 된다. 영웅, 인간은 피곤하면 잔다. 피곤하면 잠을 자야 하는 것도, 영웅의 삶에서도 자신의 의식과 의지가 미치지 못하는 곳이 있게 마련이며 느닷없는 부정성이 출몰하게 되는 것도 인간의 운명이다. 아니, 그것이 인간, 인간의 삶이다. 호기심 가득한 욕망을 누르지 못하고 자루를 열어버린 부하들을 탓해야 하나? 자루를 지키다 잠들어버린 영웅의 실수를 탓해야 하나? 당신이 모든 것을 알고, 완전할 수 있는 인간이라면 부하나 오디세우스 중에 누군가에게 돌을 던지라!

다시 떠나기 위해 죽음을 경유하여 삶으로 내려오다
— 영웅도 머무르는가? 모험은 끝인가? 왜 죽음인가?

오디세우스 일행의 모험은 어찌어찌 하여 키르케의 집으로 향한다. 키르케는 짐승들의 무리가 우글거리는 섬에서 아름다운 집을 짓고 사는 여인네다. 짐승들의 우글거림은 껄쩍지근하지만, 아름다운 집에서 여인네가 내어주는 성찬을 누가 마다할 텐가. 그런데 첫 모험에서 극복했던 '나-상실' 성분이 들어 있었는지 성급한 부하들, 아니 성급한 우리 인간들은 아름다운 집에서 펼쳐진 성찬을 먹고서 모조리 돼지가 되어버린다. 섬에서 우글거리는 짐승들이란, 그렇게 나를 상실한 자들이다. 앞에서도 말했듯이, 고향에 대한 기억을 상실하면 나아가야 할 미래를 상실하고, 우리는 나를 상실한다. 때문에 키르케의 지팡이가 내려쳐지기 전, 이미 오디세우스의 부하들은 짐승이 되어버린 것이다. 지금-여기-머무름의 존재가…. 이 물음에 관해서는 앞에서 장황하게 했으니 일단 접고, 여기서는 모험의 와중에 영웅 또한 키르케의 음식에 취해 버린다는 사실에 주목해 보자. 이제는 오디세우스가 떠날 생각을 하지 않는다. 영웅이 '지금-여기-머무름' 존재가 되고 말았다. 물론 여행에 지쳤을 법도 하니 이해가 가지 않는 것은 아니다. 그러나 그렇다면 키르케의 마약을 탓하기 전에 영웅은 이미 스스로 키르케의 집에 머무르고 싶었던 것이다. 키르케의 마약이 그의 모험을 방해한 것이 아니라, 스스로의 모험이 가져다준 피로가 그의 발목을 붙잡은 것이다. 사실은 성급하게 키르케의 성찬을 먹고 돼지로 변해 버린 오디세우스의 부하들이나 오디세우스나 인간이긴 매한가지다. 그러나 모험은 끝나지 않았다. 아직 고향인 이타카, 나를 나로서 지탱해 주는 그곳에 이르지 못했다. 지친 영웅에게는 다시, 떠날 계기가 필요하다.

키르케는 영웅이 자신의 집을 떠나는 조건으로 저승 여행을 내건다. 저승 여행, 죽음이다. 죽었다 살아나는 일을 겪어야만 영웅은 모험을 지속할 수 있다. 우리는 그것을 부활이라 말한다. 모험이 '다시-지속됨'을 위해서는 '다시-태어남'이 필요하다. 이는 오디세우스에게만 해당되는 이야기가 아니다. 헤라클레스나 테세우스, 영웅은 저승 여행을 경험한다. 도대체 하필이면 왜 죽음인가? 오디세우스의 '죽음'은 죽음이 아니다. '죽음 여행'이다. 그것은 삶을 살기 위한 여행이요, 삶을 되돌아보게 해주는 여행이며, 삶을 내다볼 수 있게 해주는 여행이다. 모험을 지속하기 위해 키르케의 죽음 여행을 받아들이고서, 오디세우스는 많은 죽은 자들을 만난다. 트로이 전쟁과 자신의 모험의 와중에 죽었던 영웅들과 부하들, 만나보지 못했던 여인네들을 만나면서 그들과의 이야기에서 자신을 기억한다. 따라서 죽음은 영웅에게 '나'를 기억하게 해준다. 뿐만 아니라, 아가멤논과 티레시아스처럼 살았던 사람들을 통해 자신의 미래를 본다. 여기에 죽음 여행을 조건으로 키르케가 앞으로 닥쳐올 위험을 미리 알려주었다는 사실도 눈여겨봐야 한다. 영웅에게 죽음 여행이 필요했던 것은 죽음을 통해서만 기억하고 볼 수 있기 때문일 터이다. 아니, 우리네 인간은 죽지 않고서 다시 살 수는 없다. 누구나의 모험 - 자기 삶의 과정에서 그러한 순간은 반드시 온다. 피로가 몰려온다면 죽음 여행을 다녀오는 건 어떠신지?

물리칠 수 없는 유혹
— 돛대에 매여 앎을 향해 발버둥치는 영웅에게서 무엇이 보이는가?

이번에도 유혹이다. 이거 이거~ 원, 영웅의 모험담에 온갖 유혹투성이다. 유혹은 물리적인 위협과는 다른 것이다. 내 안에서 '어서옵쇼~!' 하고 달려나가게 하는 그것, 욕망을 일으키는 그것이 유혹이다. 칼립소의 육탄공세도 치명적이지만, 키르케의 유혹도 치명적임을 앞에서 봤다. 세이렌의 유혹도 미칠 듯이 치명적인가 보다. 오디세우스는 돛대에 매달려서조차 유혹에 바둥거린다. 세이렌의 노랫소리는 더 많은 앎을 주겠다고 속삭인다. 단지 아는 것보다 더 많은 앎을 주겠다는 것뿐이었는데도 매혹적이다! 영웅뿐만이 아니다. 모든 문명, 모든 인간은 더 알고 싶어한다. 앎이 도대체 뭐길래 더 많이 알고 싶어한단 말인가. 앞에서 말했던 '그들은 모르나니'가 그들의 한계다, 인간의 한계요, 영웅의 한계다. 오디세우스의 모험길에서 조금만 더 알았더라면 고생하지 않았을 일도 온갖 생고생을 다했지 않았는가. 독자의 입장에서 보면, 이후의 모험에서 태양신의 소를 잡아먹은 부하들의 무지 때문에 또 생고 생한다는 걸 감안하면 오디세우스의 발버둥이 이해가 갈 법하다. 한 치 앞만 알았더라면, 조금만 더 알았더라면! 내가 사는 시간도, 내가 만나는 세계도 조금만 더 알았더라면 미끄러지고 실패하고 고생하지 않았을 거라고 한탄한 적이 없는 인간이 누가 있겠는가. 그러나 어쩌랴. 여전히 인간, '그들은 모르나니'. 사실 세이렌의 유혹은 인간의 욕망을 건드리는 것이지만, 그 자체로 보면 맞는 말이다. 오디세우스가 세이렌의 유혹에 빠져 바다로 달려들었더라면 죽음을 맞이했을 터이고, 최소한 죽음의 순간에 '더 많은 앎'의 유혹이 헛된 거짓임을 알았을 것이다. 죽음은 언제나 더 많이 알게 해준다. 묘지에는 산 사람들보다 더 아는 사람들이 누워 있다. 그들 또한 살아생전에 정작 몰랐던 것이 '그들은 모르나니' 아니었을까. '살아 있다는 것'은 그러나 설사 그것이 죽음이라 해도 미칠 듯이 뛰어들고 싶은 앎의 욕망 자체인지도 모른다. 오디세우스가 온몸으로 보여준, 불가능하지만 달려가고픈 그곳. 인간의 삶과 문명에는 늘 앎이 있었다.

스케리아, 부활의 땅
― 오디세우스에게 스케리아는 어떤 곳인가?

오디세우스는 우여곡절의 모험을 겪었다. 환상적인 시공간에서 외부적인 권력과 내적인 욕망과도 싸우면서, 삶과 죽음의 경계를 가로질러 다다른 곳이 스케리아이다. 그곳은 참 푸근한 항구다. 이 부분에 대한 해석은 가능하면 여러분 각자에게 맡겼으면 한다. 서사시에서 이 부분은 가장 따뜻한 이미지들, 아름다운 이미지들로 가득하다. 어쩌면 이곳은 여행과 집 사이의 경계, 떠남과 쉼 사이의 경계, 비현실과 현실 사이의 경계, 모험과 일상 사이의 경계다. 제아무리 영웅이라도 모험으로만 삶을 지속하지는 않는다. 여행하는 삶이 있을 수 있지만, 여행만 하는 삶이 있을 수는 없다. 그 경계가 이곳 스케리아이다. 스케리아에서 오디세우스가 만난 사람들과 상황, 세계에 주목하라. 나아가 이 아름다운 곳마저도 영웅이 떠난다는 사실을 기억할 수 있다면!

왕의 귀환, 그리고 축제
— 모험은 끝났는가? 영웅은 영웅인가? 오디세우스는 오디세우스인가?

오디세우스는 이윽고 고향 이타카로 돌아온다. 그러나 그렇게 바라던 고향 이타카의 현실을 본 영웅의 심정은 어떠했을까. 고향은 아직 고향이 아니다. 생각해 보면 인간의 모든 고향이 마찬가지다. 비단 동경하는 장소만이 아니라, 만나고 싶은 사람, 이루고 싶은 일들도 막상 가보고, 만나보고, 이루고 보면 우리네 인간은 또 거기에서 다시 시작해야 할 일이 고야 만다. 내가 원해서 한 일인데, 하고 나면 내가 그리던 그것은 아니다. 대학입시가 됐건, 고시가 됐던, 취직이 됐건, 그

것이 우리네 삶이다. 물론, 영웅은 여기에 머물러 있지만은 않는다. 현실 권력은 아직 영웅의 이름을 허락하지 않지만(그런 의미에서 고향은 아직 폴리페무스의 동굴 속), 영웅은 이 고향에 자기 이름을, 스스로가 생각하는 고향을 실현하기 위해 거지로 변장한다. 그야말로 아직 '아무것도 아닌 자'의 상태에서 이곳 고향을 자기의 고향으로 실현하기 위해 움직인다. 죽음 여행도 해보고, 온갖 유혹과 위험들을 경험한 마당에 못할 일이 무엇이 있을까. 거지꼴 변장을 통한 하인과의 만남은 오디세우스의 모험이 그에게 가져다준 그의 능력이다. 그러나 그는 아직 아무것도 아닌 자에 불과하다. 자신의 이름을 되찾고 주인 오디세우스가 되기 위해서는, 현실 권력인 페넬로페의 구혼자들을 물리쳐야 한다. 폴리페무스의 동굴 속에서 오디세우스가 도망치는 방식으로 역경을 벗어난 것은 그곳이 오디세우스가 자신의 이름을 실현해야 할 장소가 아니기 때문이다. 그러나 고향은 다르다. 아무것도 아닌 자에 머물다가 도피하는 것으로만 살아갈 수는 없다. 모험에서 만났던 역경들은 피하는 일이 극복이었지만, 이곳 고향은 오디세우스의 모험 자체를 가능하게 했던, 오디세우스를 오디세우스이게 만들었던, 그를 영웅이게 한 바로 그 장소다. 그러므로 이타케에서 맞은 역경은 오디세우스에게 최후의 모험이며, 그를 아무것도 아닌 자에서 오디세우스로 증명하게 해주는 것이다. '피할 수 없다면 즐겨라~'가 아니다! 피해서는 안 된다. 더구나 피하는 것이 '아무것도 아닌 자'에 머무는 것이라면! 왕의 귀환은 왕으로서의 귀환이 아니라, 왕이 되기 위한 모험의 귀환, 마지막 시험대다.

나오는 길…

　봄볕이 따사로운 정오 즈음이다. 오늘은 저 볕 속에서 낮을 보내고, 저 볕이 훑고 간 대지의 식어가는 온기에서 밤을 보내야 한다. 오늘도 살아야 한다. 물론, 인간으로서 살아야 한다는 전제가 밑에 깔려 있을 테다. 인간으로서 산다는 것, '인간임'에 대한 것에 물음을 던지는 것은 살기 위해 중요하다. 인간에 대한 물음은 '나, 내가 만나는 너, 다 만나보지는 못했지만 어딘가로부터 나와 연결되어 있을 너들인 우리'를 묻는다. 그 물음은 인간 문명이 희미하게 동터왔던 시기에도 걸쳐 있고, 언젠가 이 문명이 다하는 그 순간까지도 걸쳐 있다. 나와 너, 우리 또한 그때부터 지금까지, 또 그때까지 걸쳐 있다. 서사시는 그 근본 물음에 대한 응답을 던져준다. 절망과 고통, 분노와 슬픔, 그리고 희망과 기쁨들…. 거기에 삶이, 인간의 삶이 있고 서사시인은 영웅의 모험을 통해서 인간의 삶일 수밖에 없으며 인간일 수밖에 없는 삶을 읊조린다.

　그러한 물음과 응답의 여울에서 그리스 서사시는 더 이상 그리스 서사시만이 아닐 수 있고, 영웅은 영웅만이 아닐 수 있다. 모두가 영웅일 수 있다. 제 삶의 영웅이 되는 것, 서사시는 그 비밀을 보여준다. 찾으라, 서사시에서 영웅이 되는 응답을!
그러나 무엇보다 중요한 것은 '인간'이 되는 일임을 기억하라.
도덕책을 뒤적이지 말고, 인간이 되기 위해 인간을, '나와 너
그리고 우리'를 이해하라. 인간이 되기 위해, 제 삶의 영웅이
되기 위해 수천 년 전 인류의 낡고 허황된 소리에 귀를 기울
이는 자가 아직도 있는 시대라면!

〔05대입〕 **연세대 논술고사**(인문계)

(가)

　　그대들에게 묻노라.

　　해는 가더라도 반드시 새해가 돌아오고, 밝은 낮은 어두
워져 밤이 된다. 그런데 섣달 그믐밤을 지새는 까닭은 무엇인
가? 소반에 산초(山椒)를 담고 약주와 안주를 웃어른께 올리
고 꽃을 바쳐 새해를 칭송하는 풍습과, 폭죽을 터뜨려 귀신을
쫓아내는 풍습은 그믐밤을 새는 것과 무슨 관련이 있는가? 침
향나무를 산처럼 쌓아놓고 불을 붙이는 화산(火山)의 풍습은
언제부터 생긴 것인가? 섣달 그믐밤에 마귀를 쫓아내는 대나
(大儺)의 의식은 언제부터 시작되었는가? 함양(咸陽)의 객사
에서 주사위로 놀이하던 사람은 누구인가? 여관방 쓸쓸한 등
불 아래 잠 못 이룬 사람은 왜 그랬는가? 묵은해를 보내고 새
해를 맞이하는 것을 시로 탄식한 사람은 왕안석(王安石)이었
고, 도소주(屠蘇酒)를 나이순에 따라 젊은이보다 나중에 마시
게 된 서러움을 노래한 사람은 소식(蘇軾)이었다. (…) 사람이

어렸을 때는 새해가 오는 것을 다투어 기뻐하지만, 나이를 먹으면 모두 서글픈 마음을 갖게 되는 것은 무엇 때문인가? 원컨대, 세월이 흘러감을 탄식하는 것에 대한 그대들의 말을 듣고 싶다.   — 이명한, 백주집 권20, 문대(問對)

(나)

세상에서 내가 수고하여 이루어놓은 모든 것을 내 뒤에 올 사람에게 물려줄 일을 생각하면, 억울하기 그지없다.[19]

뒤에 올 그 사람이 슬기로운 사람일지, 어리석은 사람일지, 누가 안단 말인가? 그러면서도, 세상에서 내가 수고를 마다하지 않고 지혜를 다해서 이루어놓은 모든 것을, 그에게 물려주어서 맡겨야 하다니, 이 수고도 헛되다.[20]

세상에서 애쓴 모든 수고를 생각해 보니, 내 마음에는 실망뿐이다. [21]

수고는 슬기롭고 똑똑하고 재능 있는 사람이 하는데, 그가 받아야 할 몫을 아무 수고도 하지 않은 다른 사람이 차지하다니, 이 수고 또한 헛되고, 무엇인가 잘못된 것이다.[22]

사람이 세상에서 온갖 수고를 마다하지 않고 속 썩이지만, 무슨 보람이 있단 말인가?[23]

평생에 그가 하는 일이 괴로움과 슬픔뿐이고, 밤에도 그의 마음이 편히 쉬지 못하니, 이 수고 또한 헛된 일이다.

    — 성경전서 전도서 2: 18~23

(다)

노인, 즉 전성기를 지난 사람의 성격이란 젊은이의 성격과 정반대되는 것들로 이루어져 있는 법이다. 그들은 여러 해를 살았고, 사는 동안 속은 적도 많고 실수도 많이 저질렀으며, 살아온 삶을 돌이켜보면 만사가 뒤죽박죽 별로 만족스럽지 않다. 그 결과 노인들은 그 어떤 것에 대해서도 확신이 없으며 모든 일을 끝까지 수행하지 못한다. 그들은 '생각'은 하지만 '인식'은 하지 못하고, 늘 미적거리다 보니 '아마도', '그럴지도 모른다'는 단서를 달면서 그 어떤 것도 분명하게 주장하지 않는다. 노인들은 냉소적이다. 다시 말해서 모든 일의 가장 나쁜 점만을 보는 것이다. 게다가 노인들의 인생경험은 남들을 믿지 못하게 하고, 남을 못 믿으니 의심이 많다. 따라서 그들은 열렬히 사랑하지도 심하게 증오하지도 않으며, 편견이 이끄는 대로 언젠가는 증오할 것처럼 사랑하며 언젠가는 사랑할 것처럼 증오한다. 노인들은 인생살이 앞에 무릎을 꿇었기에 속이 좁고, 그들의 욕망은 그저 그들을 살아남게 하는 것보다 더 고매하거나 더 비범한 것을 겨냥하는 법이 없다. 노인들에게 돈은 꼭 갖고 있어야 하는 것이고 돈이란 것이 얼마나 벌기 어렵고 써버리기 쉬운지를 경험을 통해 깨달았기 때문에, 이들은 돈에 관한 한 인색하다. 노인들은 겁쟁이들이고 늘 미리 걱정하며 산다. 혈기왕성한 젊은이들과는 달리 그들의 기질은 차디차다. 노년이 비겁함에 이르는 길을 열어주니, 이들은 두려움으로

차갑게 얼어 있는 것이다. 노인들은 삶을 사랑한다. 모든 욕망의 대상이란 갖고 있지 않은 것이기 마련이고, 우리는 우리에게 가장 절박하게 필요한 것들을 갈구하는 바, 노인들은 살 날이 얼마 안 남았기에, 삶을 더욱 사랑하는 것이다.

— 아리스토텔레스 〈수사학〉

(라)

그림 "인간의 세 시기"(1511-12)

*인간의 성장과정을 묘사한 이탈리아 화가 티치아노(1488-1576)의 작품입니다. 실제 문제에는 그림이 나와 있습니다. 본책에는 저작권 문제로 실지 않았습니다.

(마)

나는 꿈에 지친 사람,

시냇물에 잠겨 비바람에 시달려온

대리석 트리톤.*

하루 종일 나는

이 여인의 아름다움을 바라본다.

책에서 미인 그림을 발견한 듯

---

* 그리스 신화에 나오는 해신(海神). 흔히 반인반어(半人半魚)로 묘사됨.

눈을 맘껏 즐겁게 하며

아니면 가려듣는 귀까지도 즐겁게,

그저 지혜로움에 만족한다.

왜냐하면 사람은 나이 들면 철이 드는 법.

하지만, 하지만,

이것이 내 꿈인가, 아니면 진실인가?

아, 들끓는 젊음이 내게 있었을 때

우리가 만났었다면!

그러나 나는 꿈에 잠겨 늙어가네,

시냇물에 잠겨 비바람에 시달려온

대리석 트리톤처럼.

— W. B. 예이츠 "나이 들면 철이 드는 법"

〈문제〉 위의 제시문에 담긴 '세월이 흘러감'에 대한 생각을 '욕망'과 연관시켜 분석하고 자신의 의견을 논술하시오.

The CliffsNotes Brand
CliffsNotes on Homer's *The Odyssey*
Copyright© 2000 by Stanley P. Baldwin
Authorized translation from the English language edition
published John Wiley & Sons, Inc. company.
All rights reserved.

Korean Translation Copyright© 2007 by Darakwon, Inc.

Korean edition is published by arrangement with John Wiley &
Sons International Rights, Inc. through Imprima Korea Agency.

다락원 명작노트 **034**

오디세이

펴낸이 정효섭
펴낸곳 (주)다락원

초판 1쇄 인쇄 2007년 3월 16일
초판 1쇄 발행 2007년 3월 22일

책임편집 안창열, 김지영
디자인 손혜정, 박은진
번역 윤성욱
삽화 손창복

다락원 경기도 파주시 교하읍 문발리 509-1
Tel:(02)736-2031 Fax:(02)732-2037
(내용문의: 내선 410/구입문의: 내선 113~114)
출판등록 1977년 9월 16일 제300-1977-23호

Copyright ⓒ 2007, 다락원

값 8,500원

ISBN 978-89-5995-149-9 43740